LLOERGANIADAU

I Luned Ifan
wyneb haul, llygad goleuni

LLOERGANIADAU
FFLUR DAFYDD

Argraffiad cyntaf: 2020
© Hawlfraint Fflur Dafydd a'r Lolfa Cyf., 2020

Cynllun y clawr: Sion Ilar

Rhif Llyfr Rhyngwladol: 978 1 78461 873 5

Dymuna'r cyhoeddwyr gydnabod cymorth ariannol
Cyngor Llyfrau Cymru

Cyhoeddwyd ac argraffwyd yng Nghymru
ar bapur o goedwigoedd cynaliadwy gan
Y Lolfa Cyf., Talybont, Ceredigion SY24 5HE
e-bost ylolfa@ylolfa.com
gwefan www.ylolfa.com
ffôn 01970 832 304
ffacs 01970 832 782

"The moon had been observing the earth close-up longer
than anyone. It must have witnessed all of the phenomena
occurring – and all of the acts carried out – on this earth.
But the moon remained silent; it told no stories. All it did was
embrace the heavy past with a cool, measured detachment.
On the moon there was neither air nor wind.
Its vacuum was perfect for preserving memories unscathed."

Haruki Murakami, *1Q84*

"It was the Earth that caused each of us to be that someone
he was rather than someone else; up there, wrested from the
Earth, it was as if I were no longer that I, nor she that She."

Italo Calvino, *The Distance of the Moon*

"Minnau a lyncais yr haul; a'r lloer a gymerais
yn obennydd i'm gorweddfan."

Caradog Prichard, *Un Nos Ola Leuad*

Cynnwys

Lloerair

Eᴿˢ ʏ ʙᵘᴹ i'n ddim o beth, neu'n rhywbeth a ddaeth o ddim, fe fûm yn edrych i fyny. Yn yr wythdegau, doedd dim byd i'w ganfod o edrych i lawr ond llawr marmor a dorrodd fy nghoes un tro, carped coch ac arno smotiau llwyd a oedd yn arwain at derfyn diwrnod, grafel llwyd lle cafodd cath fach ei gwasgu'n bancosen dan olwyn car a phatio oren a oedd yn rhy anwastad i fy sglefrolion.

Edrychwn i fyny, wastad, am brydferthwch; am rywbeth tu hwnt i mi fy hun. A thu allan i'm stafell wely, mewn pentref bach yng Ngheredigion, roedd hi yno'n aml, fel pe bai wedi dod i stop yno; atalnod llawn enfawr yn llithro i'w lle ar dudalen ddu. Y lloer. A doedd 'na ddim ffôn, na sgrin, na thabled, i dynnu fy sylw oddi wrthi. Doedd dim hyd yn oed y Spectrwm ZX, pan ddaeth e, â'r pŵer hynny. Pwy allai oddef y ffaff o aros i hwnnw lwytho am ddeng munud gefn drymedd nos?

Roedd hi, y lloer, tybiwn, yn fyw mewn ffordd nad oedd y grafel, y patio oren, y fflwff coch na'r marmor oer. Y Spectrwm ZX â'i wifrau diddiwedd nad oeddwn i a fy mrawd bob amser yn siŵr sut i'w cysylltu.

Ond ffuglen oedd hyn hefyd i raddau. Pelen ddigon marwaidd, heb atmosffer oedd hi o'r cychwyn cyntaf. Deallaf erbyn hyn nad ei golau ei hun oedd yr hwnnw a welwn yn tywynnu 'nôl arna i, ond heulwen ail law, chwedl Aneurin

Evans, yn tywynnu o ben draw'r byd, o rywle mwy disglair.[1] "Goleuni benthyg sydd ganddi o'r Haul," meddai Silas Evans, fel pe bai hi wedi gofyn i gael gwisgo ei wawr ar gyfer rhyw achlysur arbennig.[2]

Ond dyw hynny ddim yn newid yr effaith a gafodd y lloer arnaf yn y dyddiau hynny pan dreuliwn oriau yn syllu arni o ffenest fy stafell ym Mhenrhiw-llan, ymhell wedi i bawb arall fynd i'w gwlâu; yn ymgomio â hi yn ddistaw bach yn fy mhen.

Fe chwiliwn amdani bryd hynny, fel y chwiliaf amdani nawr, er mwyn canfod yr un peth cyson hwnnw sy'n dynodi bod 'na ddechreuadau newydd o hyd. Er mwyn gwneud rhyw synnwyr o fy lle i yn y byd, er mwyn cofio mai megis person ar blaned ydw i, y tameidyn lleiaf o lwch y sêr, rhyw hap a damwain o gelloedd ac atomau, a bod 'na rywbeth llawer ehangach mewn bodolaeth na fy nghylchdro personol i o gwmpas fy myd bach fy hun.

Rhywsut, yno yng nghyfnodau'r lloer mae fy mywyd i gyd: patrymau anorfod fy mhresennol, fy ngorffennol a fy nyfodol; ac wrth iddi oleuo a phylu, goleuo a phylu, mae hi'n deffro lleisiau a llefydd ynof a fu mewn cysgod cyhyd, gan eu hailgynnau a'u diffodd fel llusernau.

---

[1]   *Serydda*, Aneurin Evans, Gwasg Gomer, 1982, tud. 56.
[2]   *Seryddiaeth a Seryddwyr*, Silas Evans, William Lewis: 1923, tud. 117.

Lleuad Newydd: *Syzygy*

MAE HI YNO, ond eto dyw hi ddim. Yn syllu'n syth atom, ond rydyn ni'n methu'n lân â'i gweld. Ac wrth syllu'n orffwyll i'r dudew, pan fo'r lleuad yn newydd fel hyn, yn hanner gwallgof wrth i ni sylweddoli ei bod hi yno (ond eto ddim), mae'r haul yn goleuo yr hyn ydyn ni, fodau meidrol, cyfyngedig wedi ei fedyddio yn 'ochr dywyll y lleuad', a hynny dim ond am ei bod hi tu hwnt i'n cyrraedd ni.

Ni allwn weld tu hwnt i'n terfynau ni ein hunain. Does dim byd, siawns, yn bodoli, heb i rywun dynol fod yn dyst iddo.

Ond mae'r ochr honedig 'dywyll' hon o'r lleuad yn bodoli, yn gyfrinach lachar wrth iddi lithro i'w safle gyferbyn â'r haul. Ac mae'r haul yn fwy na bodlon ei chadw iddo ef ei hun, a'i chynnau fel fflam Olympaidd.

Onid rhywbeth felly yw atgofion? Maen nhw yno, ond eto dydyn nhw ddim. Gallan nhw guddio dan len y byd, eto i gyd gallan nhw fodoli, mewn rhyw fan pellennig, anghyraeddadwy, yn aros eu tro.

Calan Gaeaf

MAE HI'N NOS yng Ngheredigion, rhywbryd yn ystod yr wythdegau. Mae dudew cefn gwlad Ceredigion o safon aruchel; mae'n felfed ar hyd eich bysedd, yn driog ar dafod, yn onics am eich gwddf. Ac er bod 'na oleuadau stryd – pedwar, i fod yn fanwl gywir, a'u pennau'n ymgrymu'n dawel uwch y tarmac fel lleianod – mae'r nos yn teyrnasu mor gadarn fel na ellid dychmygu y bu hi erioed yn olau dydd yn y pentref bola buwch hwn, ac na ddaw heulwen i'w ran fyth eto.

Mae hi'n noson ddi-loer; neu i roi hynny mewn ffordd arall, yn noson leuad newydd. Mae *syzygy* yn digwydd yn y ffurfafen, ffenomenon digon cyffredin pan fydd tri chorff seryddol mewn llinell gymesur, er nad yw hynny yn golygu dim byd i ni, blantos, ar y foment hon, mae e jest yn air sy'n chwyrlïo o gwmpas yr atgof hwn nawr fel darn o sbwriel o'r dyfodol, ssssiiiissiiiijiiii – ond rhywle ymhell, bell uwch ein pennau, mae'r haul a'r lloer a'r ddaear yn ciwio fel henoed mewn bwffe, ac mae'r haul yn goleuo ochr dywyll y lleuad ar gyfer ei bleser ei hun yn unig. Mae'r llewyrch yno, felly, hyd yn oed ar noson dywyll fel hon, a 'mond yr haul sy'n cael ei weld, y diawl barus ag e, tra ein bod ninnau'n gwbl ddall iddo. Wel dyna ni, allwn ni ddim cael y cyfan.

Mae pobl Ceredigion yn gwybod yn iawn nad oes modd cael y cyfan. Maen nhw wedi hen dderbyn y ffaith mai un gornel fach o dir sydd ganddyn nhw i'w hunain, ond maen nhw hefyd yn ymwybodol bod y lleuad yn goleuo'r gornel honno fel pob man arall. Ac oherwydd hynny, maen nhw'n ei pharchu hi. Ewch chi'n ôl ychydig ganrifoedd, ac fe fyddai'r dynion yn disgyn oddi ar eu ceffylau, ac yn codi eu hetiau'n barchus wrth weld y gromfach leiaf o oleuni, ac fe fyddai'r merched yn ymestyn eu ffrogiau llaes, yn gwmwl am eu canol, er mwyn moesymgrymu iddi. Efallai nad oedden nhw'n defnyddio'r term *syzygy* i ddisgrifio'r hyn oedden nhw newydd ei brofi, ond roedden nhw'n ddiolchgar i weld yr oriau llwm yn troi'n ewin arian o obaith.

Mewn pentref fel Bwlch-y-groes, yn yr wythdegau, pan fyddai hi mor dywyll â hyn, y goleuni ar ddod, a'r *syzygy* yn syzygeiddio'r aer, bron y gallech eu teimlo nhw, bobl y canrifoedd cynt, yn llechu tu nôl i len denau, ddu, fel y cyrff seryddol hynny i fyny yn yr awyr. Yng Ngheredigion, dyw'r gorffennol byth ymhell o'ch gafael. Mae'r dynion ar eu ceffylau a'r menywod â'u ffrogiau llaes yn dal i symud o'n cwmpas, ac efallai taw'r syzygiaeth rhyfedd hwn sy'n gyfrifol am yr hyn ddigwyddodd i ni y noson honno; y noson Galan Gaeaf arswydus 'na pan gawson ni ein gadael yn amddifad a gorfod tywys ein hunain gartre. Noson pan ddaeth y gorffennol a'r presennol a chyrff meirw a chyrff seryddol oll i chwarae mig â ni, ond hefyd i'n gwarchod. Achos hyd yn oed ym Mwlch-y-groes-yr-wythdegau, hyd yn oed mewn caddug du, hyd yn oed yn eich mebyd digyfeiriad, disynnwyr, hyd yn oed heb balmant na llusern na thortsh nac oedolyn, hyd yn oed gyda'r holl ofergoelion a'r sïon am Ddihirod Dyfed ac UFOs y Dyfed Enigma a'r holl straeon bwci bo a'r straeon gwaeth a ddaeth i glawr wedyn am gymeriadau amheus a oedd bron yn sicr yn llercian o gwmpas y lle yn y cyfnod hwnnw; hyd yn oed wedyn, rydych chi'n rhyfeddol o ddiogel. Ac mae eich diogelwch mor rhagweladwy â'r lloer a'r ddaear sy'n ailymgynnull unwaith y mis.

Fe ddywedon ni wrth ein gilydd ar hyd y blynyddoedd, wrth hel atgofion, ei bod hi'n oes wahanol bryd hynny. Oes lle'r oedd hi'n berffaith iawn i blant bach gerdded yn y tywyllwch ar eu pennau'u hunain. Yr wythdegau! ddywedon ni, drosodd a throsodd, nes trodd y ddamcaniaeth yn wirionedd. Ac fe barhaodd 'rhianta'r wythdegau' i fod yn rhyw chwedl amheuthun yn ein plith, pan fyddai ein plant ni ein hunain yn rhedeg yn wyllt o gwmpas un o'n cartrefi, a photeli aneirif o win wedi ymgasglu fel côr merched ar ynys y gegin. Fe ddechreuon ni arddel y dywediad, 'rhianta'r wythdegau!' yn y ffordd y mae pobl eraill yn dweud 'iechyd da'.

Flynyddoedd wedyn, fe ddaeth y stori go iawn i glawr.

Doedd Mam K ddim fel y mamau eraill, fe wydden ni i gyd gymaint â hynny o'r dechrau. Roedd hi'n fohemaidd mewn modd nad oedd yn arferol yn Nyffryn Teifi, ac yn gadael i ni aros ar ein traed hyd berfeddion nos pan fydden ni'n aros draw. Fe gelen ni hefyd wneud ein swper ein hunain a thaflu *spaghetti* ar y nenfwd i'w brofi – a gan nad oedden ni'n gwybod ystyr y term *al dente* – fe fyddai'r dafnau slwtshlyd yn glynu yno fel mwydod am wythnosau wedyn. Ond eto roedd rhyw gryndod yn y fam hon am y pethau lleiaf, er gwaethaf ei dihidrwydd ymddangosiadol. Weithiau tybien ni ei bod hi'n ofni ei phlentyn ei hun. Roedd e'n llond llaw, i fod yn deg, er nad yn y ffyrdd arferol chwaith. Un o'i driciau oedd llithro'n araf bach o dan y bwrdd bwyd yn yr ysgol ac aros yno am weddill yr awr ginio yn myfyrio â'i lygaid ar gau. Dim ond tatws y bodlonai eu bwyta am gyfnod; bresych yn ystod cyfnod arall. Rhyw fynach bach brawychus, ddwy droedfedd ydoedd.

Ond nid oedd ymddygiad echreiddig K yn ddim byd i'w wneud â'r hyn ddigwyddodd. Nid dyna oedd ei steil wedi'r cwbl; roedd disgwyl i blant fod yn rhemp ar noson Calan Gaeaf ac ni fyddai K yn ildio i batrwm mor rhagweladwy. Doedd tywyllwch yn dda i ddim iddo; roedd angen i'w droseddau gael eu goleuo'n berffaith gan fwlb llachar neu haul mawr melyn.

Felly, tra cerddai Mam K o'n blaen a thortsh ar ei phen, a ninnau – un ysbryd, un Dracula, un Ghostbuster a dwy wrach – yn ei dilyn yn ddefodol, cerdded ychydig lathenni tu ôl i ni wnaeth K, gan lusgo ei gwt yn llythrennol, am ei fod wedi gwisgo fel cath. Roedd yn rhyfeddod i ni i gyd mai hi, o bawb, oedd ein gwarchodwr y noson honno. Ni alla i yn fy myw â chofio unrhyw adeg arall pan y bu hi'n gyfrifol amdanon ni tu allan i'w chartref ei hun. Roedd 'na ryw reol – na wnaed erioed yn hysbys iddi – ei bod hi'n berffaith ddiogel i fam K ein gwarchod o fewn terfynau diogel ei chartref, ond nad oedd i fynd â ni i unrhyw le arall, oherwydd ei gyrru anystywallt a'i diffyg synnwyr cyfeiriad llwyr. Yn sicr nid i fyny uwch ben clogwyni Llangrannog, nag ar hyd y llwybr llithrig ger afon Henllan.

Pentref deublyg yw Bwlch-y-groes. Ewch yn ddwfn i'w grombil ac fe ddowch o hyd i chi eich hun mewn cuddfannau dirifedi, ond arhoswch yn y mannau gweledol, o fewn terfynau'r arwydd, wrth ymyl y capel mawreddog, a does 'na ddim byd i'ch rhybuddio am y cant a mil o hewlydd bach sy'n cuddio yn y canol. Does 'na ddim byd chwaith i ddweud wrthoch chi am arafu, wrth i chi daranu i mewn i'r pentref hwn, dim byd heblaw am yr arwydd brown Caws Teifi, ac fe fyddai'n rhaid eich bod chi wir yn hoffi caws er mwyn arafu a throi i mewn, achos unwaith i'r ceir ysgwyd eu hunain yn rhydd o hualau Ffostrasol, maen nhw'n dueddol o fynd fel cath i gythraul i lawr y rhiw ac yna dringo i fyny wedyn, gyda'u golygon wedi troi tuag at oleuadau bras Llandysul a Chaerfyrddin, heb sylwi bod eu cyflymdra, wrth basio, yn anfon gwefrau ar hyd y fynwent gyfan, gan fygwth codi'r meirw o'u beddau.

A dyna oedd dechrau'r cyfan, mae'n debyg. Y beddau ar ymyl y brif hewl. Roedden ni wedi cael ein siarsio gan Fam K i beidio â dweud *'trick or treat'* wrth gnocio ar ddrysau gan taw dywediad Americanaidd oedd hwnnw. Yn hytrach, fe'n dysgodd i ganu:

Mae heno'n Nos Calan Gaea
A'r bwci ar bob camfa,
A Jac y Lantern ar yr Hewl
Rhaid mynd neu caf fy nala!

Y broblem oedd i ni barhau i ganu'r gân hon yn ddi-dor wrth gamu'n ddiofal drwy'r fynwent, ein traed bach diniwed yn seinio fel gordd arswydus ar y cerrig; nes peri i rywbeth ddigwydd. Rhywbeth a achosodd i fam K sgrechian arnon ni yn sydyn i stopio canu, i sefyll yn ein hunfan, ac i wrando. A dyna wnaethon ni. Ond, doedd dim byd i'w glywed heblaw am y distawrwydd, a dim i'w weld ond y tarth, a dim byd i lygru hwnnw ond anadl anwastad Mam K a'r arswyd a oedd fel megin yn ei hysgyfaint. Yn sydyn, newidiodd siâp ei hwyneb o dan wawr felyn y tortsh pen. Fe aeth yn hir ac yn onglog fel ceffyl, a cholli ei lawnder bochgoch. A heb esbonio dim am yr hyn oedd wedi achosi'r fath ymateb, rhoddodd derfyn ar y distawrwydd gyda'r sgrech fwyaf annaearol erioed, cydio yng ngholer ei mab, a'i lusgo o 'na, i gyfeiriad ei char bach coch a oedd wedi ei barcio'n anniben ar balmant cyfagos.

Dwi'n cofio'r olwg ar wyneb K o hyd. Roedd 'na rywbeth cysetlyd ofnadwy ynddo wrth sylweddoli nad ei seiens ef ei hun oedd wedi difetha'r noson i bawb arall, fel a ddigwyddai'n aml, ond seiens ei fam. Roedd ei gwt cath wedi cyrlio fel magal rownd ei wddf wrth iddo gael ei lusgo i ffwrdd, wysg ei gefn, ac roedd ei lygaid yn y drych ôl wrth i'r ddau sgrialu i ffwrdd yn arian byw.

Roedd e wrth ei fodd, wrth gwrs, fod y noson wedi terfynu yn y ffordd fwyaf annisgwyl. Mai ei fam oedd wedi ymddwyn fel plentyn a'n gadael ni – y lleiaf, M, fy mrawd, yn ddim mwy na rhyw bump neu chwech oed, a'r hynaf, B, yn naw oed – ein gadael ar y brif hewl ynghanol niwl trwchus, niwl oedd yn dda i ddim i'n gwarchod.

Ai rhianta'r wythdegau oedd hyn? Hen draddodiad yng Ngheredigion; gadael y plant yn nhywyllwch cefn gwlad i weld a fydden nhw'n dod o hyd i'w ffordd eu hunain gartre? Neu ai diffyg rhannol yn y *syzygy* plant a'u rhieni dros dro oedd hyn, rhyw blip bach yn y cylchdro roedden nhw mor ddibynnol arno bryd hynny, 'Cer di â fy un i nawr a fe af i â dy blentyn di wedyn', lle'r oedd grym disgyrchiant i fod sicrhau na fyddai dim byd gwael yn digwydd i neb? A phawb yn gobeithio gallu parhau i gylchdroi nes byddai dyddiau rhianta wedi dirwyn i ben?

Y gwir amdani yw mai dyma'r foment y dechreuodd yr orbit o blant a rhieni a'u cymwynasau a'u systemau droelli'n wyllt, y tu hwnt i bob reolaeth. Fe ddaeth pwynt lle doedd Mam K ddim hyd yn oed yn gaeth i'w mab ei hun, gan iddo fynd i'w wely i bwdu bron yn syth wedi iddyn nhw gyrraedd gartre. Yn wir, roedd Mam K fel planed bellennig nad oedd yn gaeth i unrhyw leuad o gwbl yn ystod yr oriau hyn. Fe fyddai'n hawdd iddi fod wedi ffonio'r ffermdy, lle dechreuodd y daith, i ddweud wrth y gweddill beth oedd wedi digwydd, ond eto, ni wnaeth.

Achos sut fyddai modd dechrau'r sgwrs honno, a hithau nawr rhyw ddeuddeg milltir i ffwrdd yn ei chartref ei hun? "Fe wnes i anghofio…" "Fe wnes i gymryd y bydden nhw'n…" – efallai iddi godi'r ffôn, a dychmygu pob un esgus tila yn cael ei amsugno i'r dotiau bychain yng ngheg y derbynnydd, a sylweddoli mor seithug fyddai'r cyfan. Ac wedi'r cwbl, yng Ngheredigion-yr-wythdegau, nid oedd modd holi'r cyfrifiadur am atebion i broblemau, a ro'dd pawb yn fwy tebygol o ddilyn hen gynghorion Eirwyn Pontsiân, a'r mwyaf o'r rhain oedd: "Os ti byth mewn trwbwl, tria ddod mas ohono fe."

Ac felly, fel a ganlyn yn y senario hon: "os wyt ti erioed wedi gadael llwyth o blant ar eu pen eu hunain am dy fod ti ofn dy gysgod dy hun, paid â ffonio'u rhieni nhw i gyfadde hynny. Yfa lased o win coch yn lle hynny, a throella yng ngwifrau'r ffôn fel rhyw Fenws ddisglair, eofn."

Gollyngwyd Mam K yn rhydd o hualau ein stori. A dyma ni, ein pump, yn sylweddoli ein bod ni'n gwbl amddifad, heb neb i'n gwylio'n croesi'r hewl, neu i'n rhwystro rhag mynd ar ein pennau i'r clawdd, na dim byd arall. A dyma ddechrau chwerthin. Chwerthin afreolus yn dianc o'n genau i gael ei lyncu gan y nos.

Ymlaen â ni felly, ymlaen i dŷ a oedd yn sefyll ar ei ben ei hun, a chnocio, a chanu, cnocio a chanu. A dyma'r dyn mwyaf eiddil yr olwg yn dod i'r drws, yn methu gwneud synnwyr o ddim byd, gan ei fod wedi anghofio'n llwyr ei bod hi'n noson Calan Gaeaf. Edrychai fel pe na bai wedi gweld yr un dyn byw ers blynyddoedd; boed mewn gwisg ffansi neu beidio, fel pe na bai neb wedi cnocio ar ei ddrws am yn hir iawn, iawn. Ni wyddai beth i'w wneud gyda haid o blant yn canu ar stepen ei ddrws, yn enwedig rhai fel ni, ein hwynebau'n welw, welw, wedi eu britho â gwaed, fel pe baen ni wedi codi o'r fynwent. Ai rhywbeth o'r gorffennol wedi dod i'w dywys at y diwedd oedden ni? Rhoddodd y braw ar ei wyneb fraw i ninnau'n ôl; a dechreuon ni gwestiynu a oedden ni wir yn dechrau troi'n bethau arswydus i bawb, ni blant bach llon. Digon i wneud i un fam ei bomio hi dros y bryn. Digon i wneud i galon y gŵr hwn guro'n gyflymach nag a wnaethai ers tro byd. A oes unrhyw beth mwy brawychus mewn gwirionedd na phlant bach sy'n gwbl rydd o unrhyw awdurdod?

Ymlaen â ni wedyn, oddi wrth ddiogelwch y pedwar golau stryd, i lawr rhyw lôn droellog, ansicr. Roedd B, a oedd erbyn hyn wedi sefydlu ei hun fel yr oedolyn yn ein plith, yn mynnu bod 'na fwy o dai yn y fan honno a mwy o ddanteithion. Ac er gwaetha'r ffaith ein bod ar ein pennau ein hunain, roedd 'na orchest bur yn perthyn i'r foment wrth i ni ddilyn ein hunben i'r anialwch, a cherdded reit ynghanol y ffordd, er y troeon twyllodrus a allai dasgu car i'n cyfeiriad unrhyw foment. A'r lleuad anwel, ddu – yno-ond-eto-ddim-yno – uwch ein pennau, wrth i ni gamu'n hyderus ar wyneb y byd-a oedd-yn-dal-i-droi-ar-ei-echel.

Ffrydiodd y goleuadau diogelwch droson ni wrth i ni gyrraedd gatiau fferm Glynhynod. Daeth dyn talsyth, a chanddo acen anarferol, Ewropeaidd, i'n cyfarfod.

Edrychodd arnon ni. Chwilota am oedolyn, a gweld nad oedd 'na'r un. "All alone?" gofynnodd, gan ein cyfri'n ddistaw bach. "Interesting."

I mewn â ni i oergell fawr a ymddangosai fel morg o ryw fath. Roedden i a M wedi gwylio digon o ffilmiau arswyd anaddas (rhywsut fe lwyddodd M i wylio *A Nightmare on Elm Street* bob bore cyn mynd i'r ysgol am gyfnod, "M, tro hwnna bant, neu byddwn ni'n hwyr!" oedd hi yn ein tŷ ni, nid "tro hwnna bant mae e'n *18 certificate*"), i wybod na ddylai haid o blant fynd i mewn i le fel hyn gyda dyn dieithr ac iddo osgo fel hwn, heb i rywbeth gwael ddigwydd i ni. "Mae e'n edrych fel Freddy Krueger," sibrydodd fy mrawd wrth fy ochr. Caeodd Freddy y drws yn glep y tu ôl i ni. Dyma ddal ein hanadl. A dyma un o'r plant, L, efallai, yn dweud ei bod hi eisiau mynd i'r tŷ bach, rhyw esgus tila i agor y drws drachefn. A llygaid B yn sgrialu'n wyllt o gwmpas y gofod cyfyng i weld a oedd 'na rywbeth y gellid gafael ynddo pe bai'n rhaid i ni blantos daro'r dyn hwn yn glewt. Efallai taw bwrw'r silffoedd metel i gyd i'r llawr fyddai'r peth gorau, fel byddai pawb yn ffilmiau'r wythdegau yn ei wneud er mwyn rhwystro dihirod.

Ond, wrth gwrs, doedd e ddim yn ddihiryn, a ddigwyddodd dim byd i ni yn y man hwn chwaith. O'n blaenau roedd stordy, lle'r oedd cosynnau enfawr o gaws yn gorwedd fel lleuadau hufennog ar ben rhestl arian, ac fe ddefnyddiodd y perchennog ei lafn enfawr i dorri cilgantau o gawsiau ac iddyn nhw flasau gwahanol a'u gollwng i'n sachau. Fe gawson ni ddewis: danadl poethion i finnau, pupur melys i M a thair tafell denau yr un o gaws wedi mygu i B, G a L.

A dyna mewn gwirionedd oedd pinacl ein hannibyniaeth y noson honno; achos dyna'r math o sbort oedd i'w gael yng Ngheredigion yn yr wythdegau, yn hytrach na chael eich cipio, ry'ch chi'n canfod bod ar bawb arall mwy o'ch ofn chi, a does dim modd i chi lenwi eich bol â losin, a mynd i berlewyg siwgrllyd hyd yn oed, am mai caws Gouda yw'r unig beth sydd yn eich sach.

A chyda hynny, gyda B wedi diflasu ar wneud penderfyniadau, a'r tai i bob pwrpas yn amhosib eu gweld, i ffwrdd â ni 'nôl i fferm Ffos-y-Ffin lle dechreuodd ein taith.

Yno, yn y mwrllwch, wrth nesáu at y goleuni, fe safon ni am ennyd tu allan i ffenest olau'r gegin, yn edrych i mewn ar ein rhieni yn sgwrsio, yn chwerthin, yn yfed llymaid bach o rywbeth, yn mwynhau orig o lonyddwch, y gwydr yn stemio gyda'u mwynhad, y mwynhad puraf pan ydych chi mewn cylchdro-honedig-dibynadwy sydd wedi eich rhyddhau rhag unrhyw gyfrifoldeb am ychydig oriau. Heb wybod bod gweithredoedd ein gwarchodwraig wedi newid natur yr olygfa rydd, ddiofal hon i fod yn ddarlun arswydus, ar noson fwyaf arswydus y flwyddyn.

Os teimlodd ein rhieni unrhyw beth o gwbl, rhyw ôl arswyd wedi'r digwyddiad ydoedd, digon i achosi chwarddiad o ryfeddod. Achos ddigwyddodd dim byd i ni, naddo? I Mam K y bu'r digwydd na ddown ni byth i wybod beth ydoedd. Ac mae 'na rywbeth am haid o blant mewn tywyllwch, rhywbeth dygn sy'n gosod clogyn o ddiogelwch drostyn nhw. Roedd rhyw ynni ynddon ni. A chwilfrydedd a gobaith.

Nid y lleuad sy'n ein hamddifadu o oleuni wedi'r cwbl, ond y ddaear sy'n mynnu ei chysgodi hi, stwffio ei chorff mawr trafferthus yn y ffordd. Y byd sy'n diffodd, nid y lleuad. Ac ofnau oedolion, yn fwy na heb, sy'n gwneud y byd yn lle peryglus i blentyn. Wedi ychydig funudau, mae plentyn yn cyfarwyddo â'r tywyllwch, yn enwedig un melfedaidd, onicsaidd, cefn-gwlad-gefn-drymedd-nos. Mae'n troi wyneb i waered. Yn rhyw fath o oleuni rhyfedd. Yn rhyw fath o uwch bŵer.

Roedd rhywbeth rhyfeddol am ein hasbri ni ym mêr y noson ddileuad honno; ein pendantrwydd wrth godi uwchlaw'r arswyd, uwchlaw'r byd, uwchlaw Bwlch-y-groes hyd yn oed, ein hegni yn llosgi fel haul ac yn goleuo'r ochr hon o Geredigion nes ei serio'n llachar yn ein hatgofion am byth.

2

Lleuad Gilgant ar Gynnydd

DYMA'I HAIL GYFNOD. Ewin yn dechrau tyfu'n ôl wedi cael ei chnoi'n rhacs. Tafell o oleuni. Mae 'na fwriad pendant yn y llewyrch hwn gan fod y gweddill ohoni yno eisoes, yn aros. Er ein bod yn meddwl am ennyd ei bod hi wedi diflannu, fe ddaw yn ôl drachefn, fel y gwna bob tro, ers miliynau o flynyddoedd.

A freuddwydiodd hi erioed mai dyma fyddai ei thynged pan ffurfiwyd hi wedi'r gwrthdrawiad? Y byddai'n parhau i droi a throi o'n cwmpas? Efallai, yn ystod yr ychydig o droeon cyntaf iddi gwblhau'r cylchdro o gwmpas y blaned ddiddim hon, iddi feddwl mai rhywbeth dros dro ydoedd. "Fe wna i'n siŵr fod ganddyn nhw'r lefel iawn o ddŵr a thyfiant, nos a dydd a phethau felly. Fe arhosa i'n ddigon hir i weld a allan nhw wneud synnwyr o'u bodolaeth," meddyliodd. "Efallai'r tro nesaf pan fydda i'n pasio heibio, neu'r tro wedyn, neu'r tro wedi hynny – falle bydda i'n ddigon siŵr iddyn nhw ddeall beth yw beth, fel y galla i symud 'mlaen at y blaned nesaf."

Doedd hi ddim wedi deall eto, efallai, fod grym disgyrchiant yn gryfach na'i dyheadau hi. Fel dynes flinedig sy'n addo iddi hi ei hun ar droad pob blwyddyn newydd y bydd hi'n newid, yn stopio bwyta sothach, neu yn gadael ei gŵr crintachlyd, fe dderbyniodd yr hen leuad ffyddlon mai ildio i'r un hen ffyrdd oedd yr unig opsiwn yn y diwedd. Aeth yn arferiad, ac mae arferion yn anodd eu newid. Roedd hi wedi bod yn sownd i'r ddaear am gyhyd nes i'w ffyrdd hi o fodoli droi'n ddaearol; yn gyffredin. Derbyniodd fod 'na gysur mewn defod. Trodd ei chefn ar y posibilrwydd o antur a dirgelion. Gosododd y wyddoniaeth uwchlaw y rhamant: beth oedd hi ond carreg mewn gwirionedd? Carreg â holl bwysau'r byd arni, yn llythrennol; gan iddi lusgo rhywfaint ohono ar ei hôl pan darodd hi i mewn iddo, yr holl filiynau o flynyddoedd hynny yn ôl, cyn iddi fod yn lleuad hyd yn oed, pan oedd ganddi rywfaint o hunaniaeth – pan oedd yn gorff enfawr, o faint y blaned Mawrth, o'r enw Theia. Cyn iddi wrthdaro â'r byd, ac i hwnnw dynnu ei hunaniaeth oddi arni. Mae rhannau ohono yn y lloer o hyd, wedi ymffurfio'n ddwfn i'w gwead hi, yn atgof trwm o'r diwrnod hwnnw. Ac mae rhannau o'r lloer wedi aros ynddo yntau; un o'r rhesymau bod ei graidd yn fwy nag y dylai fod. Sut gall y ddau gerdded, neu arnofio, i ffwrdd wrth ei gilydd, wrth ystyried yr hanes fu rhyngddynt?

Ond eto, fe wnaeth hi gamau bach, bach tuag at ei rhyddid. Nid yw hi'n bodloni heddiw ar fod mor agos at ein planed ni ag yr oedd hi ar un adeg. I ddweud y gwir, mae hi wedi symud i ffwrdd yn raddol, ar raddfa o tua 4cm y flwyddyn oherwydd rhyw amryfusedd rhyfedd yn y disgyrchiant rhwng y lloer a'r ddaear; a'r ddaear yn corddi'r llanw gwyllt er mwyn ei thynnu'n ôl ag ymlaen hyd syrffed.

Fuodd y ddau yma erioed yn rhy siŵr o'u teimladau at ei gilydd. Ond mae'r cwlwm rhyngddynt yn parhau; ni all pellter blynyddoedd, cyfandiroedd, canrifoedd, na bydoedd hyd yn oed, eu gollwng yn gwbl rydd o gylchoedd ei gilydd.

Mae ambell berthynas yn annherfynol.

Fflam ein Lampau'n Wyn[3]

R HYW GILGANT o brofiad oedd D. Pe bawn i'n edrych ar fy
mywyd ar ei hyd yna dim ond cyfran fechan iawn ohono
y byddai wedi ei hawlio. Ond ai hyd eich perthynas sy'n cyfri,
ynteu ei gafael arnoch am ddyddiau, misoedd, blynyddoedd
wedyn? O dan bob cilgant, wrth gwrs, mae 'na leuad lawn.
Nid fy mod i wedi cael gweld y llewyrch llawn; fe gadwodd D
hwnnw iddo ef ei hun.

Roedden ni fel darnau o ddau jig-so gwahanol a oedd yn
digwydd ffitio – fi, y *swot* o'r Ysgol Ar Y Bryn a 'fflam fy
lampau'n wyn', (ys dywed emyn ein hysgol – 'i'r sêr mae'n
harwyddair!') a fe â fflam lampau ei gar bach du'n fflachio
wrth iddo yrru heb leisens o gwmpas Llandysul. Wyddai e
ddim byd amdana i cyn i ni gwrdd, llai fyth am gefndir fy
rhieni, ("dy blydi *poet-mother* a dy *quango-father*," chwedl cariad
arall flynyddoedd wedyn, a waeddodd hynny arna i ynghanol
ffrae ar stryd yng Nghaerdydd) ac roedd fy mam-o-fardd a fy
nghwango-o-dad wrth eu boddau fod D yn siarad â'r ddau fel
pe baent yn bobl go iawn a chanddynt fywydau eu hunain, yn
hytrach na'u gweld fel delwau i'w dioddef mewn cyntedd.

---

[3] Leslie Harries, 'Cân yr Ysgol': A phan ddaw dydd ymado / â'r ysgol
ar y bryn / gwna ni'n genhadon drosot / a fflam ein lampau'n wyn.

Roedden ni newydd symud o Benrhiw-llan, i'r metropolis ei hun, Llandysul. O bentref pitw bach a gyrliai'n amddiffynnol o gwmpas ei hun fel cath, i dref a oedd fel octopws ac iddo lwybrau dirifedi yn llithro i bob man, system swish unffordd a phum tafarn, planed newydd sbon i rywun yn ei harddegau i'w hanturio. Ac arni roedd 'na fodau amheuthun fel D a'i debyg, y plant di-Gymraeg 'ma mewn ardal a oedd mor *Gymraeg* nes bod rhieni pawb, bron, â rhyw hanes o fynd i garchar dros yr iaith. Ac fe greodd hynny dipyn o argraff ar D, hefyd: "Wow, your Dad's been to prison?" gofynnodd, gan ryfeddu bod hynny'n gymaint o *eye-roll-moment* i ferch-y-troseddwr.

Roedd hi'n anorfod, bron, i ni ferched yn ein harddegau i wrthryfela, nid gymaint yn erbyn y Gymraeg ei hun, ond yn erbyn y ddelwedd oedd ganddi. A gan ein bod yn mynychu ysgol lle byddech yn cael eich lambastio am siarad hyd yn oed y bripsyn lleiaf o Saesneg ar yr iard, fe ddaeth rhyw rym ecsotig, anghyraeddadwy i'r Saesneg, rhyw atyniad arallfydol, estron. Ond un o'r pethau yr hoffwn fwyaf am D oedd nad oedd wedi ei ddiffinio gan iaith, nac ardal, na rhieni, nac achau; na dim byd o gwbl, mewn gwirionedd, ond am ei siaced ledr ef ei hun.

Doedd hi ddim yn rhyw garwriaeth fawr o'r dechrau. Ar gyrion fy mhrofiadau oedd D, yn fy ngyrru o gwmpas wrth i mi berfformio fy nramâu carwriaethol eraill. W, ei ffrind gorau, oedd y lleufer-yn-fy-llygaid bryd hynny. W, yr hen ddiawl, a'i ddwy len unffurf o wallt yn sgleinio'n ddu bob ochr i'w dalcen. Unwaith, fe ollyngodd D fi ac W mewn coedwig yn Henllan dan leuad lawn ar ôl i ni orffen ein perthynas wirion, loerig, arddegol-amhosib, am yr eildro, gyda'r bygythiad: "Either get back together or I'm leaving you there to find your own way back." A dyma gytuno i ailgydio mewn pethau, ar ôl i W ymbil arna i, er iddo gyfaddef y diwrnod wedyn mai'r unig reswm iddo wneud hynny oedd am ei fod yn poeni y byddai'n cael stŵr gan ei fam pe bai'n hwyr gartref.

Fe bylodd W yn fy meddwl wedi rhai wythnosau dagreuol, hiraethlon, hir. Achos yn raddol fe wnaeth D, a'i gar bach du, ddechrau ailymddangos tu allan i'r tŷ. Roedd y cilgant wedi troi'n lleuad lawn, yn llawn posibiliadau. "We can still go for a spin, can't we?"

A dyna chi un troelliad a droellodd mwy na'r hewlydd anwastad, wrth i mi syllu o ffenest ei gar ar y sêr uwch fy mhen nes iddyn nhw lenwi fy holl ymwybod. Yn ystod un o'r teithiau car hynny, fe newidiodd popeth. Er nad oedd y teithiau hyn yn fwy na'r sgowt arferol, anghyfreithlon-o-gyflym o gylch Trebedw, Henllan, Pentrecagal, yn rasio yn erbyn y bore bach, fe sylweddolais fod gen i deimladau gwirioneddol am y bachgen penfelyn hwn wrth fy ymyl, ac mai ef, nid W bryd tywyll, oedd wastad wedi bod yno, wastad wedi fy nghadw i'n ddiogel, wastad wedi gwneud yn siŵr fy mod yn cyrraedd gartref, er 'mod i'n dal ymlaen at y ddolen ddiogelwch nes bod fy migyrnau'n wynion. Ac wrth i ni droi'r gornel ger Pont Henllan unwaith yn rhagor i wneud y lwp-'nôl-rownd, daeth y dafell leiaf o leuad i frigo rhwng y canghennau a rhywsut, fe welais yr arian hwnnw yn cydio yn nghudynnau D a'i drawsnewid yn llwyr.

Roedd hyn yn ffenomenon gwirioneddol yn ein plith ni ferched ysgol ddi-dechnolegol y nawdegau yn nhwll tin Ceredigion; y ffenomenon lle fydden ni'n taeru bod modd i olau'r lleuad roi gwedd newydd ar bethau; bron fel petai'n rhyw rym goruwchnaturiol. Cyn i sgriniau ymddangos, a dwyn ein holl sylw, bydden ni'n syllu i wyneb y lleuad yn ddiderfyn, gan fod yn rhaid i'r arddegyn syllu'n ddiderfyn ar rywbeth tu hwnt iddyn nhw eu hunain. Ein ffilters cyntaf ni, o bosib, ymhell, bell cyn oes Instagram, oedd graddfeydd gwahanol o olau leuad. Ac o'r goleuni hwn fe gonsuriwyd unigolion cyfan; fel bleiddiaid, fe ddaethon nhw i fodolaeth fin nos er nad oedden nhw'n bodoli yng ngolau dydd. Ac felly yr oedd hi wrth i'r lleuad ffrydio ar hyd dashboard y car-cyflym-du ac wrth i D droi'n silwét ariannaidd wrth fy ochr.

Dechrau'r diwedd, yn anffodus, oedd trio goleuo'r berthynas â'r haul. Roedd golau dydd yn elyn. Nosweithiau oedd fy myd i a D. Roedden ni'n gwybod, ill dau, wrth hyrddio i'r nosweithiau hynny, mai peth heb ddyfodol oedd hwn, rhywbeth terfynol, mor derfynol â noson. Yn fy myd golau i, yn yr ysgol ar y bryn â fflam-fy-lampau'n-wyn, ni soniwn amdano wrth neb. Nid am fod gen i gywilydd ohono, ond am 'mod i'n ofni y byddai'r hyn roedden ni'n ei wneud gyda'n gilydd gefn drymedd nos yn colli ei ledrith wrth ei rannu ag eraill. Ni allwn yn fy myw asio ei bresenoldeb â choridorau llachar, a chyffredinedd y dydd.

Ond wedyn, ar ôl hyn a hyn o sleifio o gwmpas, ry'ch chi'n awchu am newid y patrwm. Ac roedd 'na un noson nad oedden ni am iddi orffen a dyna pryd yr aeth pethau o chwith, wrth i ni drio llusgo'r noson honno i mewn i fore, disglair, blêr.

"Kiss me! I've never been kissed upside down before!"

Er bod rhyw wyth mil, saith cant a thri deg pump o ddiwrnodau wedi pasio ers hynny, galla i hedfan yn ôl i'r foment hon heb drafferth yn y byd, croesi'r galaethau rhwng ddoe a heddiw, a bod 'nôl yno'n syllu arno, y bachgen hwnnw yn hongian wyneb i waered o drawstiau ei lofft yn yr atig.

Yng ngolau'r haul roedd popeth amdano'n wahanol.

Bore digon cyffredin oedd hi, i'r stafell beth bynnag, wrth adlewyrchu'r haul ar hyd trawstiau'r pren fel y gwnaethai gannoedd o weithiau o'r blaen. Ond doedd hi ddim yn fore cyffredin i ni. Pa un ohonon ni benderfynodd na ddylai'r noson orffen? Er mai'r ddefod arferol oedd fy ngollwng ar gornel y system-un-ffordd a'm gadael yn syllu ar oleuadau ôl y car bach du yn diflannu fel rhuddem i'r nos, y tro hwn, daeth ein noson i derfyn yn ei gartref, rhywle nad oeddwn wedi cael mynediad iddo o'r blaen. Wn i ddim ai penderfyniad bwriadol oedd hyn chwaith, yntau'r angerdd gwirion o fod yn ein harddegau a methu-goddef-cael-ein-gwahanu, ond roeddwn i'n gwybod yn syth, wrth ddeffro, fy mod wedi croesi'r llinell. Doeddwn i ddim i fod yma. Yn sicr doeddwn i ddim i fod yn ei wely, gydag e, yn fy mlows-a-sgert-ers-y-noson-gynt, gyda'r haul mor bwerus nes morio i'r stafell fel triog, gan fy nal yn y fan a'r lle. Dwi ddim yn cofio lle ddwedais i wrth fy rhieni oeddwn i chwaith. I fod yn deg â nhw, fe wylion nhw ddrama-fy-arddegau fel opera sebon ddi-dor, gan wybod y byddwn yn diflasu ar fy straeon fy hun. "Dwi'n mynd i barti a dwi'n mynd i gysgu ar y traeth!" oedd fy nghri un noson, cyn diflannu i'r car bach du gyda D. A dyma ni'n cyrraedd lawr i Dre-saith a gweld nad oedd neb arall yno, ac felly doedd dim i'w wneud ond troi'n ôl. Mae'n bosib taw'r noson honno oedd hi. Y noson roedd gen i ormod o gywilydd i gyfaddef nad oedd un o fy nghynlluniau hanner pan wedi dod i fwcwl wedi'r cwbl. Ei fod mor shimpil â sach gysgu ar draeth.

Ac am ryw hanner awr wedi i ni ddeffro'r bore wedyn, fe wnâi'r peth synnwyr llwyr i ni. Wrth gwrs ein bod ni gyda'n gilydd; gyda'n gilydd roedden ni i fod! Fi a D, ein cymalau wedi eu gwau o gwmpas ein gilydd, a doedd 'na'r un teimlad tebyg, o wybod mai dyma lle roeddwn i'n perthyn yn yr ennyd euraid hon: lle arall fyddwn i? A pham ar y ddaear y byddwn yn credu bod deffro ar draeth oer yn well na hyn?

Roedd pob dim yn iawn nes i ni glywed sŵn traed ar y grisiau. O mor ddibynnol ydyn ni ar seiniau yn yr oed yna, y sŵn teiars ar y *chippings*, yr allwedd yn y clo, rhyw smic i ddynodi diwedd ein ffwlbri cyfrinachol, utgyrn awdurdod yn dod yn nes. Seiniau, yn ein harddegau, sy'n darfod pob dim. Sy'n ein hatgoffa nad oedolion ydyn ni, wedi'r cwbl.

Er gwaethaf yr ofn yn fy mherfedd, yr ofn y gallai'r bore trioglyd hwn droi'n hunllef unrhyw eiliad, doedden i ddim yn disgwyl gweld yr un braw yn ei lygaid e. Yr oedd wedi rhoi'r argraff y câi wneud fel y mynnai, ei fod yn oedolyn mewn ffordd nad oeddwn i (am nad oedd e bellach yn mynd i'r ysgol), ac mae rhyw hanner-rhentu stafell-mewn-tŷ oedd e, yn hytrach na byw'n ddefodol gyda'i deulu, fel pob un bachgen un ar bymtheg oed arall yr oeddwn yn ei nabod.

Ond pan glywodd gamau ar y grisiau, fe aeth i banig llwyr. "Shit. My mum."

Bu'n rhaid iddo sgathru, a'm gadael yn oer yn y gwely. Taflu crys amdano, ac edrych yn orffwyll rownd y stafell heb wybod sut y dylai ymateb i'r sain ar y grisiau; na chwaith beth i'w ddweud wrth ei fam am y ferch benfelen yn ei stafell. A dyna pryd cafodd D y syniad y byddai hongian o'r nenfwd fel ystlum yn rhywbeth a allai droi'r sefyllfa argyfyngus hon ben i waered.

Fe ddywedodd wedyn iddo benderfynu gwneud hyn er mwyn drysu ei fam, yn fwy na dim, i roi ychydig eiliadau iddo feddwl sut i esbonio'r cyfan. Efallai ei fod yn gobeithio y byddwn i'n ymateb i'r weithred hon drwy guddio dan orchudd y gwely, yn hytrach na chodi ar fy eistedd i'w edmygu. Pe bawn wedi dilyn yr awgrym, efallai y byddai ei fam wedi derbyn ei fod yn gwneud rhyw ymarferion gwirion, ac wedi'i anwybyddu. Ond, na, roeddwn i'n syllu arno'n gegrwth, y bod dynol hwn nad oedd yr un prydferthach nag ef yn y byd y foment honno, gan deimlo bod fy hawl arno mor fregus â phelydryn o olau, a phe bawn i'n edrych i ffwrdd am ennyd, fe fyddai'n toddi, fel Icarus.

Agorwyd y drws. Nid ei fam oedd yno. Roedd hyn yn llawer gwaeth. W oedd yno. Cafodd W fynediad yn syml am nad oedd Mam D ddim callach 'mod i yma. "Go up and wake him," dywedodd hi, a doedd W ddim yn disgwyl ei ganfod yn hongian o'r nenfwd, yn fwy nag oedd yn disgwyl fy ngweld i yn y gwely.

Wnaeth D ei siarsio i beidio â mynd 'nôl lawr neu byddai ei fam yn gofyn pam adawodd e ar gymaint o hast, ond wrth ofyn iddo aros gyda ni yn y stafell, creodd D argyfwng o fath gwahanol, achos sut medrwn i symud o'r gwely hwn, o flaen W o bawb, ac roedd y ffaith fod D yn berson gwahanol yn fy nghwmni i i'r hyn roedd e i weddill y byd yn golygu nad oedd modd cael sgwrs o unrhyw fath wedyn. Yno, roedd y tri ohonon ni, yn y stafell, un ar ei draed, y llall yn y gwely a'r olaf yn hongian ben i waered. A dyna pam, yn fy nhyb i, y gwaeddodd D y sylw, ar neb yn benodol:

"Kiss me! I've never been kissed upside down before!"

Edrychodd W arna i ac fe edrychais innau yn syfrdan ar D. Doedd D byth yn hoffi cydnabod ein perthynas yn gyhoeddus. Fydden ni ddim yn cusanu o flaen neb arall, fel rheol, heblaw am un noson feddwol pan gydiodd yndda i ar bwys y bwrdd pŵl yn y Porth pan oedd e'n eithaf sicr nad oedd neb yn edrych. Ond efallai fod y sefyllfa hon yn wahanol. Roedd golau'r haul wedi datgelu i W sut roedd pethau go iawn a gan 'mod i eisoes yn ei wely, wel, pa wahaniaeth wnâi cusan, o flaen ei ffrind gorau-a-fu-unwaith-yn-gariad? Ai cusan hirfaith, go iawn oedd yn ei feddwl? Neu ryw sws bach sydyn, fel byddwn yn ei roi i Mam-gu? Cusan foch? Cusan geg? Ac os na fyddwn yn codi o'r gwely i wneud hyn, ai dyna fyddai diwedd pethau? Neu ai jôc oedd y cyfan? Roedd fy mhen yn dal ar chwâl ar ôl yr hyn ddigwyddodd rhyw awr cyn hynny, pan wnaeth bysedd hudol D gropian o dan ganopi fy sgert, a mentro i rywle na fuon nhw o'r blaen. A minnau'n darganfod, am y tro cyntaf, nad rhywbeth i'w oddef oedd hyn, ond rhywbeth i'w fwynhau. Ac yn yr ebychiad olaf, crynedig hwnnw, a'r cusanau adain gwybedyn o denau wedyn, gwyddwn fod 'na dynerwch cynhenid yn D y byddai modd ei ddwyn i'r wyneb; tynerwch y byddai rhywun, rhyw ddydd, yn ffodus i'w ddarganfod. Ond dyna'r peth – roedd y D tyner hwnnw wastad mewn perygl o ddiflannu, yn union fel y gwnaeth pan ddaeth ei ffrind i'r stafell. Ac roedd y D hwn, y D oedd yn crefu am ei gusan, wyneb i waered, yn hollol wahanol i'r un llorweddol a fu dan y cynfasau eiliadau ynghynt. Roedd y D hwn jest eisiau dangos ei hun. Ac roedd y syniad yma y gallwn garu rhywun nad oedd am i neb wybod ei fod yn fy ngharu i, ddim yn gwneud synnwyr rhagor. A phe bai ei fam *wedi* taranu i mewn a dechrau gweiddi arno am fod merch yn ei stafell heb yn wybod iddi hi, fe fyddwn wedi bod yn ddigon parod i fynd o 'na, ei baglu hi o'r sefyllfa wirion roeddwn wedi ei chreu. Oherwydd y gwir amdani oedd, roedd hi'n haws parhau â'r berthynas hon yn nyfnder nos heb orfod gofyn yr holl gwestiynau yma i mi fy hun ynglŷn â pha synnwyr roedd yn ei wneud; ond doedd hi ddim mor hawdd yn y dydd, pan oeddech chi'n gweld, am y tro cyntaf go iawn, na fyddai'n para am byth, y byddai 'na ormod o ddadlau, a chyfiawnhau, a gwrthdaro yn perthyn i'r berthynas. Gormod o droi pen i waered er mwyn gwneud synnwyr o'r cyfan.

Hyn a hyn o amser y gall bachgen hongian o'r nenfwd yn

erfyn am gusan cyn i ddisgyrchiant ei daflu i'r llawr. Ac yn yr ergyd honno, roedd popeth yn gyffredin eto. Roedd yr haul wedi esgyn yn uwch i'r awyr a'r golau wedi pylu yn y stafell. Roedd y trawstiau yn bren drachefn; nid yn fwa maen euraid. Ac wrth i D lanio'n swp ar y llawr, syllodd ar y nenfwd plaen yn ei wendid, nid i fy llygaid i, fel roedd wedi gwneud funudau ynghynt. Ac roeddwn i'n gwybod bod rhywbeth wedi newid am i mi wrthod ei gusanu o flaen ei ffrind, ac am nad oeddwn i'n fodlon ildio i'w ffordd arbennig e o ddangos ei deimladau. Ymhen dim fe ddaeth ei fam i ddarganfod y drosedd, ac i bregethu, ac o fewn eiliadau roeddwn i allan o'r stafell na fyddwn byth yn mentro iddi wedyn, y stafell lle am ychydig funudau, bu perffeithrwydd euraid, pur. Lle bu pleser, a chariad. Fe yrrodd W fi adref gan ysgwyd ei ben yn bwdlyd yr holl ffordd o Bentre-cwrt i Landysul, ac yn y drych ôl fe ddychmygais weld cwymp y bachgen a fu'n byw yn fy nychymyg yn unig; adenydd fy Icarus bach i yn llosgi yng ngweddillion y bore llwyd.

3

Chwarter Lleuad

CHWARTER LLEUAD RYDYN ni'n ei alw, er mai ei hanner a welwn. Tabled wedi ei hollti'n ddwy dan fys y nos, a'r hanner coll wedi sgrialu i'r düwch. Nid yw'r term chwarter yn dod o'i ymddangosiad yn yr awyr fel y cyfryw ond o'r geometreg; o lwybr eliptig y planedau a'r sêr. Rydyn ni chwarter ffordd drwy'r broses, chwarter ffordd drwy'r ailwisgo cyn iddi ddadwisgo eto a dianc drachefn. Ond mae persbectif yn beth rhyfedd. Oherwydd rydyn ni wedi ein cyflyru wrth weld yr hanner ffurf i deimlo'n nes at y diwedd nag ydyn ni mewn gwirionedd.

Deuparth gwaith yw ei ddechrau, ys dywed yr hen ddihareb, ond soniodd neb am y chwarter parth hwn sydd rhyw wythnos wedi'r deuparth, pan mae'r lleuad yn eich twyllo ei bod hi bron yn gyflawn, ond pan mae cymaint o ffordd yn dal i fod eto.

Lle'n union ar lwybr eliptig fy mywyd y gwawriodd fy chwarter lleuad i? Yr ymdeimlad o fod hanner ffordd drwodd pan mai megis dechrau oeddwn i? Efallai, pan aned fy mhlant. Dyna'r foment y teimlwn ryw fath o dwf sylweddol yndda i fy hun a oedd yn fwy na'r twf yn fy mol, rhyw newid syfrdan yn fy ngwead. Dyna pryd y daeth rhywfaint o ddirgelion amser yn hysbys i mi; ac y daeth bywyd wir yn beth byw, gorchestol, gwyllt, gwachul a gwallgof.

Ers oeddwn yn blentyn, dyma oedd y dirgelwch mawr i

mi. Sut beth oedd geni babi? Roedd y gwirionedd, fel y lloer, wastad dan fygythiad cysgod; a bu'n rhaid aros tri deg dwy o flynyddoedd cyn i'r gwir – y lloer lawn, lachar – ddatgelu ei hun. "Gweld ti ar yr ochr arall," meddwn i a N yn hwyliog hapus wrth ein gilydd, a ninnau'n disgwyl ein babanod tua'r un adeg. Ac oedd, roedd cyrraedd yr ochr draw i'r dyfalu mawr, rhyw ychydig wythnosau cyn N, yn teimlo fel glanio ar ochr dywyll y lleuad ar brydiau, fel pe baen ni nawr wedi ein gwahanu gan brofiad-maint-corff-seryddol. Ac yn yr eiliadau cyntaf hynny wedi'r geni roeddwn i eisiau gweiddi yn ôl ar draws y gagendor du hwnnw at N, fy ffrind mynwesol ers yn naw oed, 'Paid â neud e! Tro 'nôl!'

Roedd genedigaeth B, fy mhlentyn cyntaf, yn enedigaeth 'dda' yn ôl y gwaith papur ond eto, roedd yn ddaeargryn corfforol na theimlais ei debyg erioed, ac unwaith i'r hyrddiadau poenus ddod i ben ac y rhoddwyd y baban yn fy mreichiau, roedd fy mhen yn morio gyda'r datguddiad hwnnw y bûm yn aros amdano cyhyd: rwy'n gwybod nawr! Rwy'n gwybod beth yw genedigaeth! Ac roedd yn ymddangos, rhywsut, yn brofiad a oedd mor agos at ei wrthwyneb, at ddarfodiad, nes ei bod hi'n anodd credu y gallai'r peth fod wedi parhau'n gyfrinach tan y foment honno. Pam nad oedd neb wedi gallu esbonio i mi'n iawn sut brofiad fyddai e? Am nad yw iaith yn ddigonol i'w ddal? Neu ai am na fyddai neb yn eu hiawn bwyll yn dewis gwneud hyn petaen nhw'n gwybod y gwir?

Ac er bod ochr dywyll y lleuad yn sydyn yn weledol ac yn olau i mi; teimlwn fy mod hefyd wedi llithro o olwg y byd, ac na ddeuwn yn ôl am beth amser.

Ond deuparth düwch yw goleuni. Ac roedd yn rhaid mentro i'r

tywyllwch pur hwnnw er mwyn gweld y sêr; a chanfod y llwybr llaethog yn ymffurfio o'm cwmpas yn gylch perlog.

Y Llwybr Llaethog

MAE'R LLEUAD YN gallu bod yn fwrn i'r rheiny sydd am weld awyr y nos mewn manylder, fel lamp yr anghofiodd y plant ddiffodd cyn mynd i'r gwely. Er nad yw ei phelydrau yn llygredd golau fel y cyfryw, fel y tarth oren hwnnw ar nosweithiau gwlyb, mae ei golau'n dal yn rhwystr i'r rhai sydd am gyrraedd at wir brydferthwch. Fe fyddai rhai seryddwyr yn honni mai corff seryddol anniddorol yw'r lloer, nad oes iddi'r un hudoliaeth â'r planedau a'r sêr a dirgelion amgenach y cosmos. Oes syndod felly eu bod am iddi gilio er mwyn iddyn nhw gyrraedd gwir brydferthwch?

Goleuni yn cuddio mwy o oleuni. Harddwch ar ben harddwch; cywilydd o gyfoeth, ys dywed y Ffrancwyr. Un berl o oleuni yn cuddio stribed hir o olau – y llwybr llaethog chwedlonol – neu Gaer Gwydion, Arianrhod, Llwybr Olwen – yr enwau hynafol, hardd hyn oll yn disgrifio ffenomenon y band llydan o oleuni sy'n frith o sêr. Dim ond mewn mannau tywyll y gellir ei weld yn ei gyflawnder, ac mae'r llefydd hynny bellach yn cael eu gwobrwyo am eu tywyllwch, cymaint felly nes bod ennill statws yr Wybren Dywyll yn rhywbeth i'w glodfori. Ac yn ein hoes ni, a ninnau'n ofni pob dim, yn ofni mannau lle nad oes goleuni, mewn oes lle byddwn yn siarsio pobl, yn enwedig menywod, na ddylen nhw fynd i lefydd tywyll ar eu pennau eu hunain, mae'n dda bod 'na lefydd lle caiff hynny nid yn unig ei annog, ond ei drysori. Y man tywyllaf sydd y w'r man lle mae prydferthwch yn dod i'r fei, lle mae modd gweld pethau'n wahanol.

Roedd 'na adeg yn fy mywyd a allai fod wedi ennill yr un statws, adeg lle'r oedd hi'n nos arna i'n wastadol, a'r unig lwybr llaethog a welwn oedd y stribedi o laeth ar draws cynfas y gwely a ddeuai o fy nghorff fy hun. Llaeth a oedd wedi teithio i lawr i system fregus y babi newydd-anedig, cyn penderfynu dod yn ôl i'm cyfarfod unwaith yn rhagor. Gronynnau o fywyd a natur yn chwyrlïo yn yr aer ac yn suddo i mewn i gynfas y gwely. Eto does neb yn rhoi lluniau fel hyn ar Facebook, er bod y profiadau hynny'n gymaint o ran o fagu plentyn ag yw eu gweld yn rholio drosodd, neu'n cymryd eu camau cyntaf. Onid oes rhyw brydferthwch rhyfedd ynddo, yn y staen hwnnw ar y gwely? Er gwaetha'r ffaith i'r llaeth gael ei wrthod, a bod hynny'n dynodi, o bosib, rhyw anoddefgarwch yn y babi, onid oes rhywbeth yn y bwa hwnnw, yn dangos yr ymdrech wirioneddol gan fam i fwydo o'i chorff ei hun, weithiau gydol y nos, gan adael i fod arall amsugno pob gronyn o'i hegni? Does dim byd hardd amdano efallai – ond tu ôl i bob un staen mae 'na fabi, a thu ôl i bob un babi mae 'na fam sy'n gwneud yr hyn a all, yn aml mewn dudew dryslyd, ar ei phen ei hun, gan deimlo'n fwy unig nag erioed, er bod ganddi berson bach arall yn gwmni iddi nawr, bob eiliad o'r dydd a'r nos.

Galla i gofio'n glir y tro cyntaf i mi weld y bwa o laeth yn teithio drwy'r aer tuag ata i, bron nad oedd e'n soled, yn rhywbeth y medrech ei droedio. Mae pob babi yn chwydu rhywfaint o laeth, ond roedd gan hyn ryw fath o rym na welais erioed yn fy myw. Rwy'n cofio rhyfeddu y gallai fy mabi cyntaf, B, a oedd yn beth bach twt, bregus, fod yn gyfrifol am hyrddio y fath beth yn ôl ataf. A'r teimlad yna o wacter wedyn, i'r holl oriau, efallai diwrnod cyfan o fwydo, fynd yn angof yn y munudau hynny, a bod angen ailddechrau unwaith eto. Ond hefyd roedd e'n brawf o'r hyn roeddwn wedi ei roi iddi; sef y cyfan a allwn. Digon i greu bwa a oedd yn enfys wen! Bron nad yw'r llun wedi ei saernïo fel y ffotograff perffaith: harddwch pur, lle byddai rhai yn gweld ffieidd-dra.

Pan ddaeth yr ail blentyn, wedyn, roedd hi'n stori ychydig yn wahanol; fe aeth fy nosweithiau'n hirach fyth. Nid yn unig roedd hon yn llowcio'r llwybr llaethog yn awchus a'i gadw i lawr, ond roedd hi eisiau mwy, yn wastadol. Doedd dim diben ei rhoi yn ôl yn y fasged, fel y gwnawn gyda B, am mai wrth fy ochr i y mynnai fod, a hynny am naw mis cyfan. Os mentrwn geisio ei rhoi yn ei gwely ei hun, fe fyddai'n sgradan nes y câi ddod 'nôl i'r gwely ac ail-lenwi wrth fy mron fel yr hoffai, drwy gydol y nos. A dyna lle byddwn i, yn ystod y nosweithiau hynny, yn gorwedd yno'n ddiymadferth, yn dychmygu beth oedd tu allan i'r waliau cyfyng, pa fath o ryfeddodau y medrwn fod yn dyst iddyn nhw pe bai rhywun yn caniatáu i mi eu gweld, pe bai modd i'm stad effro fod o ryw ddefnydd neu'i gilydd.

Teimlwn fy mod wedi fy chwalu'n gyrbibion ar draws y gwely, yn hanner cnawd, hanner aer, fy ngwythiennau'n llifo yn de oer o'r paneidiau roeddwn wedi methu â'u gorffen. Yr unig beth a swynai L, fy ail ferch i gysgu, yn ysbeidiol, oedd gwrando ar symudiad 'The Swan', gan y cyfansoddwr Saint-Saëns, oddi ar dafluniwr bach a daflai olygfeydd tanfor ar y nenfwd – pysgod a sêr môr a chrancod. Ac wrth orwedd fel llongddrylliad ar ewyn y matras, fy mron wedi docio wrth geg babi awchus, dychmygwn fy mod wedi disgyn islaw'r byd, i ryw fan tanfor; yn araf suddo i gyfeiliant Saint-Saëns, yn olygfa mewn ffilm. Hyd heddiw, pan glywaf gerddoriaeth Saint-Saëns ar y radio, fe fydd yn fy llorio. Dim ots pa amser o'r dydd yw hi; fe fydd hi'n nos arna i drachefn, a minnau yn ddwfn ym moroedd fy merwerydd.

Beth, felly, am y boreau? Rhywbeth i fod yn amheus ohono oedd y dydd. Safwn wrth y bleinds yn y stafell wely, heb hyd yn oed fentro i lawr y grisiau, a dywedwn wrtha i fy hun yn wastadol bron, fel mantra yn y misoedd cynnar hynny: "Mae fy mywyd i ben arall i'r bleinds." Rwy'n cofio e-bostio ffrind yn Seland Newydd i rannu hynny gyda hi, gan ei bod hithau hefyd ar ei thraed drwy'r noson gyda babi newydd-anedig. A hithau'n ateb gyda'r frawddeg: "Wel dwi'n dal i feddwl bod fy mywyd i drosodd. Mae dy fersiwn di yn fwy gobeithiol."

Gobeithiol neu beidio, prin yr agorwn y bleinds drwy'r dydd i weld a oedd fy mywyd yn dal i fodoli tu allan. Beth oedd y pwynt? A beth os oeddwn i'n anghywir? Doeddwn i ddim am fentro gadael i'r gronyn lleiaf o oleuni dreiddio i mewn i'r stafell, am fod hwnnw'n rhywbeth a oedd yn perthyn i ddiwrnodau pobl eraill.

Ac er mor heriol oedd y diwrnodau hynny, er gymaint ar chwâl oedd yr ymennydd a'r corff, mae 'na ran ohona i sydd weithiau'n gweld eisiau'r persbectif hwnnw, yr hwn nad oes modd gafael ynddo unwaith eto heb yr holl hormonau, heb yr ymdeimlad bod y corff wedi dryllio, heb berson bach sgrechlyd, anghenus wrth eich hymyl, a heb y teimlad nad oes yr un eiliad y gallwch ei hawlio i chi eich hun. Heb gwsg un awr. Y diwrnodau pan fyddai pob dim – y presennol, y gorffennol, y dyfodol, ddoe a heddiw, y bydysawd, y gofod, y môr, y bobl ar y teledu a'r bobl yn y dref – yn un cawdel mawr yn eich pen a'r pethau lleiaf yn drawiadol o fawr, fel y grisiau, y landin – O, y landin! Y galaeth hwnnw! – ac roedd camu tu allan am ennyd i ollwng y biniau ac arogli peraroglau'r hydref yn ddigon i'ch gwneud yn chwil a'ch siarsio i gamu 'nôl, cau'r drws yn glep, a'i gloi am fod y byd tu allan a'i brydferthwch, yn ormod i chi.

Yn fyr, pan oedd hi'n nos arna i; feddyliwn i am ddim byd ond am y nos – am ei photensial, ei hualau, ei dimensiynau diddiwedd. Am y ffordd y bûm yn greadur y nos nes i'r nos droi'n greadur arna i. Pan orweddwn yn effro yn bwydo, meddyliwn am bob un noson ar hyd fy mywyd, pan fues i'n ddigon dwl i aros ar fy nhraed drwy'r nos, a hynny o ddewis.

Roedd y nosweithiau hyn yn wead tywyll o wynebau a dwylo a llygaid. Edrychiadau. Dyna oedd y sêr y syllwn arnyn nhw, dyna lle'r oedd yr addewid o harddwch, o ddisgleirdeb. Llygaid yn gwyro i gyfarfod â'm rhai i, wedi noson gyfan o esgus nad oedden nhw'n fy ngweld. Ac yn ein hoes ddi-dechnolegol ni, rhaid oedd darllen ystumiau ac edrychiadau yn hytrach na negeseuon cryptig neu lun ar ffôn, ac roedd y negeseuon hynny'n annelwig braidd, doedd dim modd eu dehongli nes bod y stafell bron yn wag, a'r nos bron wedi dianc o'n gafael. Roedd yn rhaid i ni ymestyn ein nosweithiau er mwyn manteisio arnyn nhw'n llawn; roedd pob un fel naratif nad oedd modd ei ruthro na'i ddatrys yn rhy hawdd.

Ac, wrth gwrs, fe ddaeth yr hoffter o'r nos, o'i herio, o'i hanwybyddu, o'i hymestyn fel careiau mefus, fe ddaeth hynny yn ei dro i 'mrathu ar fy mhen ôl. Neu yn hytrach ar fy mron. Roedd pawb wedi dweud wrthon ni y byddai'r ail blentyn yn llawer haws na'r cyntaf.

"Dwedon nhw gelwydd, ondofe, L?" dyna sibrydais wrth fy ail ferch wrth fy ymyl, "Rwyt ti isie diod bob muned."

"Mae hi fel ti yn dy ugeinie," meddai'r gŵr wrtha i. "Ddim isie colli mas. Dim problem cysgu yw e – problem mynd-i'r-gwely."

Roedd yntau bryd hynny yn dod i arfer â'r nos, am resymau

gwahanol. Nid am fod bywyd newydd wedi dechrau, ond bod un wedi darfod. Fe'i clywn yn codi'r ffôn, ben draw'r pared. Pum gair, yn disgyn fel ceiniogau llachar i mewn i bwll diwaelod; geiriau tyner yr ymgymerwr.

"Fydda i 'da chi nawr."

A dyma sylweddoli'n sydyn mai dim ond pared tenau sydd rhwng y meirw a'r byw. Rhwng dynes naw deg oed yn ddisymud ar ei gwely yn ei chartref gofal a babi sy'n bwydo o'r fron wyth gwaith y noson. A'r ymgymerwr yn symud yn ddistaw o dŷ sydd yn llawn bywyd i stafell lle mae bywyd wedi dianc drwy'r ffenest agored.

Buan y dois i ddeall bod 'na weithgarwch yn ystod y nos. Bod 'na fywydau effro ynddi. Dywedodd ffarmwr o ffrind ei fod yn gweld y golau 'mlaen yn fy stafell wely pan fyddai e'n gyrru heibio i fynd i odro am bedwar y bore. Ystyriais i erioed o'r blaen ei fod yn gorfod deffro mor gynnar ac fe ddechreuodd y cysylltiadau hynny gynnig rhyw fath o gysur rhyfedd i mi: roedd fy mywyd rhyfedd nosluniol yn weledol i rai. Doeddwn i ddim yn guddiedig! Yn ddibwys. Roedd rhywun yn deall fy aberth. Ac wrth gwrs – y ffarmwr ar ei ffordd i odro oedd hwnnw!

Yn union fel mae goleuadau'r stryd yn cuddio'r llwybr llaethog ar adegau ac yn gwneud i'r sêr hynny ymddangos yn llai pwerus, yn llai disglair, onid yw'n llwybrau ni, famau-sydd-fyny-drwy'r-nos, hefyd wedi eu dirgelu yn yr un modd? Heb fod o dan olau oren y stryd, nac yn weledol i'r byd tu allan? Mae'r rhan fwyaf ohonon ni'n credu bod ein bywydau ar ben: neu yn cuddio ben arall i'r bleinds.

Y gred yw ein bod ni oll wedi ein gwneud o lwch y sêr. Bod ein cyrff yn cynnwys ocsigen, carbon, haearn, nicel a phob math o weadau cymhleth eraill. Onid oes modd, wrth edrych i fyny ar y rhyfeddod hwnnw, yn y mannau mwyaf disglair efallai, yng nghytserau Sagittarius a Scorpius, i ni weld ein hunain, filiynau ohonon ni, yn grymuso'r noson afreolus gyda'n hamrantau llydan, gyda'n pendantrwydd i gadw i fynd, dim ots faint o'n goleuni ni sy'n cael ei golli wrth wneud? Ac wrth wneud ein bod yn gweld mamau'r oesau yn tywynnu'n ôl?

Er bod pobl yn rhyfeddu at brydferthwch y llwybr llaethog, y cyfan a welaf i wrth syllu arno yw craith fawr ar draws yr wybren. Mae'n fy atgoffa o'r graith ar fy nghlun dde sydd wedi bod yno ers pan oeddwn i'n ddim o beth, am i mi gael fy ngeni gyda chyflwr o'r enw hip dysplasia. Ac am fy mod i wedi tyfu gyda'r graith honno, dwi erioed wedi bod yn hunanymwybodol ohoni. Nid tan yn ddiweddar, pan fu'n rhaid i mi fynd am gyfnod o hydrotherapi yn Ysbyty Glangwili yn ystod beichiogrwydd, y gwnes i sylweddoli ei bod yn rhyfeddod o unrhyw fath. Roedd sawl un arall yn y grŵp yn defnyddio'r pwll yn dilyn damweiniau erchyll, ac roedd ganddyn nhwythau greithiau hefyd, fel f'un i. Roedd sawl un yn cymryd taw achos y graith, nid oherwydd bod y babi yn gwasgu ar fy mhelfis, ro'n i yno. Cofio un yn dweud: "Waw, beth ddigwyddodd i ti? Ma hwnna'n *massive!*" a finnau'n chwerthin, am nad oedd y graith yn ddim byd i mi, yn ddim byd mwy na rhan o 'nghorff, fel coes neu fraich. Ond yn sydyn roedd hi'n nodwedd oedd yn dynodi rhyw gryfder aruchel, a goresgyniad.

I mi, dyw'r Llwybr Llaethog ddim yn dynodi prydferthwch syml, uniongyrchol. Mae'n brydferthwch cymhleth, hagr, yn union fel y llaeth hwnnw sydd weithiau'n aros i lawr ac weithiau'n cael ei chwydu'n ôl dros y gwely. Mae i'r pethau hynny eu harddwch eu hunain, ymhen amser, pan fydd modd eu deall. A'u dehongli. Mae'r Llwybr Llaethog yn dynodi dycnwch a dyfalbarhad, am fod ei ymarweddiad a'i edrychiad o ganlyniad i wrthdrawiad rhyngddo a galaeth corrach anhysbys rhyw wyth i ddeg biliwn o flynyddoedd yn ôl. Nid perffeithrwydd rydyn ni'n ei weld, felly, ond arwydd o frwydr.

Mae'r chwydd yn y canol yn rhyw fath o graith, wedi'r cyfan. Yn gofnod o wrthdrawiad, lle bu ffrwydrad. Yn union fel mae magu plant yn newid ein hanian; ein hedrychiad, ein cyrff, ein hymennydd. Mae'n cyrff, wedi'r cwbl, yn fap o'r holl bethau hynny, y bol nad yw cweit yn bownsio 'nôl, y bronnau nad ydyn nhw byth yr un peth, a'r glust sydd wastad yn effro i'r posibilrwydd o fod ar ddi-hun, o neidio o'r gwely wrth glywed y swnyn lleiaf, yn barod i gamu i'r adwy, i aberthu ein cwsg er lles rhywun arall. Ond os ydyn ni wedi ein gwneud o lwch sêr, yna mae ynddon ni'r math o ddeunyddiau sy'n gryf, ac yn goresgyn; er eu natur amherffaith, cyfnewidiol.

Oedd unrhyw beth yn berffeithiach, mewn gwirionedd, na'r nosweithiau di-gwsg hynny yng nghwmni B a L? Mewn ffordd, doeddwn i erioed wedi gweithio mor galed yn fy mywyd; roeddwn wedi cyflawni gorchwyl enfawr cyn toriad pob gwawr. A doedd neb yn disgwyl i mi wneud dim byd y diwrnod wedyn; mae pawb yn disgwyl i fam newydd fod yn dda-i-ddim; a da i ddim oeddwn i i bawb, heblaw am y ferch wrth fy ymyl. Doedd hi ddim yn ymwybodol, wedi'r cwbl, o fyd ehangach y tu hwnt i 'nghorff i. Roedd hi'n hapus i dreulio'r nosweithiau hynny mewn cylchdro o gwmpas yr unig alaeth a wyddai amdani.

Iddi hi roeddwn i'n bopeth.

4

Lleuad Amgrwm Gynyddol

MAE'R LLEUAD YN fwy na hanner gweledol, ond nid yw eto'n llawn. Mae ynddi awgrym o bopeth y gallai fod, petai hi'n dymuno. I ddweud y gwir, mae hi'n boenus o ymwybodol o'i photensial ei hun, ei photensial i gyrraedd at ryw fath o berffeithrwydd. Ac mae hynny'n falm ac yn fwrn iddi. Wedi'r cwbl, mae hi'n gwybod, unwaith iddyn nhw weld ei disgleirdeb llawn, na fydd 'na'r unman arall i anturio wedyn, a bydd rhaid iddi bylu o'r golwg ongl wrth ongl nes ei bod yn ddiwerth eto, gan adael pobl yn hiraethu am y llewyrch a fu.

Mae 'na brydferthwch mewn awgrym. Mewn gweld llygedyn o'r hyn y gallech ei gyflawni. Cip sydyn o'r holl lwybrau a allai arwain at yr holl bosibiliadau; y llwybrau nad ydyn nhw eto wedi eu troedio. Ac efallai i un brifysgol ddeall mai dyma'r hyn mae'r arddegau yn chwilio amdano o hyd yw'r peth disgleiriaf, mwyaf llachar. Bodiais un prosbectws yn arbennig am ei fod, yn wahanol i bob un arall, wedi ei wneud o gardfwrdd arian. Roedd ei deimlo rhwng fy mysedd yn frawychus o real, ac fe wnaeth i mi ddychmygu dyfodol pwerus i mi fy hun. Nes i mi frolio wrth bawb mai i'r brifysgol honno y byddwn yn mynd. Dros Glawdd Offa. Na fyddai'r un coleg yng Nghymru yn gwneud y tro.

Pryd yn union y trodd y drol honno? Honno a arweiniodd at

brifysgol a oedd yn llai nag awr o gartref, yr un a arweiniodd at fy nyfodol, fy mhriodas-mewn-ffordd-anuniongyrchol, fy ffrindiau pennaf, na fyddai modd dychmygu bywyd hebddynt? Ac nid oedd rhaid i mi roi'r gorau i'r freuddwyd wreiddiol yn gyfan gwbl chwaith am i mi gyrraedd y dyfodol hwnnw dros Glawdd Offa rhyw dair blynedd yn ddiweddarach. A chanfod bod lot o goncrid llwyd o dan y clawr arian hwnnw.

Peth rhyfedd yw awgrym cynyddol. Ac fel pob awgrym, eich dewis chi yw gwrando neu beidio. Ar hyd fy mywyd, mae syniadau amrywiol wedi goleuo lloeren gudd fy nychymyg gyda'u posibiliadau, ond dim ond ambell un sy'n ddigon pwerus i ddychwelyd dro ar ôl tro, nes ffurfio cylchdro na fedrir ei anwybyddu, nes canfod eu hunain yn troi'n fwy na syniadau amwys mewn ymennydd a thrawsffurfio yn eiriau ar bapur.

Ni wyddwn y byddwn yn sgwennu y fath beth â'r llyfr hwn nes y dechreuais ei sgwennu. A hynny i gyd o ganlyniad i un alwad ffôn, un gwahoddiad y gallwn yn hawdd fod wedi ei wrthod, un noson dan sêr a lloer Ceredigion, y sir honno a fu'n aros i mi ddychwelyd iddi ers degawdau.

Weithiau, y pwnc sy'n eich dewis chi, nid fel arall. Dyna yw mawredd awgrym cynyddol.

Wele'n Gwawrio

Mae 'na dri ohonon ni'n sefyll ar fryn uchel Pencefn Drysgol yn aros am wawr y lleuad. Nid yw hi erioed wedi croesi fy meddwl bod modd gwneud hyn, sefyll yn fy unfan ynghanol cae am naw o'r gloch y nos i weld y lloer yn esgyn dros y gorwel. Dim ond wrth drefnu, wrth fod yn hollol fanwl, y gall rhywun ddal y lloer ar yr union foment mae hi'n ymddangos. Mor sicr â'n camau i fyny'r bryn, mae pawb yn gorfod cyrraedd rhywle o rywle arall. Mae hyd yn oed y lloer ar gerdded.

Mae hi newydd wawrio arna i bod y lloer yn gwawrio yn union fel yr haul. Islaw, mae Tregaron, ac o'r fan hon gallwn weld y safle agored, braf lle bydd yr Eisteddfod yn cael ei chynnal mewn ychydig dros flwyddyn. Fyddai'r un ohonon ni'n gallu amgyffred y syniad y bydd y darn hwnnw o dir yn aros mor wyrdd a gwag ag ydyw ar hyn o bryd, ac y bydd bysedd y gwair yn rhydd i ymestyn i'r awyr faint a fynnant ymhen blwyddyn, gan na fydd 'na bebyll, na phobl, na phafiliwn i'w sathru i'r llawr.

Ychydig a wyddwn, erbyn Awst 2020, y byddai'r blaned fawr honno, yr Eisteddfod Genedlaethol, wedi diflannu i dwll du yn y ffurfafen nad oedden ni wedi ei ragweld. Dyna yr ydyn ni'n tri yn ei deimlo yn y fan hon heno, heb wybod ei arwyddocâd, sef mor fychan ydyn ni wrth ystyried y grymoedd mawr sydd y tu hwnt i ni. All neb stopio'r lleuad hon rhag dyfod dros ymyl Pencefn Drysgol yn union fel mae hi i fod, ond gall ein Gŵyl Genedlaethol gael ei rhwystro ar amrantiad. Heb i neb falio amdani ond ni. Ry'n ni flynyddoedd golau wrth weddill y byd.

Yn sicr nid oes modd i unrhyw un tu hwnt i'n byd bach ni, byd y Cymry Cymraeg, ddeall yr hyn mae bwlch mewn cae yn ei olygu. A phan ddaw'r darganfyddiad yn 2020, gan seryddwyr, am y ffynhonnell fwyaf erioed o donnau disgyrchol – cyfuniad o ddau dwll du a gynhyrchodd ffrwydrad sy'n hafal i egni wyth haul – a fyddwn yn ofni mai i hwnnw yr amsugnwyd ein diwylliant?

Ond dw i ddim yn ymwybodol o hyn eto. Dyma lle'r ydw i. Gyda dau gydymaith newydd. TSC a HJ. Yng ngogledd Ceredigion; llecyn nad yw'n gyfarwydd i mi mewn gwirionedd, er i mi draethu mai'r sir hon a'm naddodd, ac a'm creodd. Ond mae fy hawl arni'n *Tivy-side* o denau. Byth ers i Ddyfed droi'n Geredigion, ac i'r ffin rhwng Ceredigion a Sir Gâr gael ei gosod ychydig lathenni o'r drws ffrynt, fe fyddai'r terfyn, a'm hunaniaeth, yn rhywbeth y byddwn yn gorfod ei groesi bob tro y byddwn am logi fideo o siop Londis, Pont-Tyweli, taith lai na phum munud ar droed. Ond heno, dwi'n ddiogel yn ei chrombil. Yn dynn o fewn ei ffiniau. Wedi creu orbit bach newydd o gylch dau ddyn dwi newydd eu cyfarfod; er mwyn dod i nabod rhan arall o'm sir fy hun. Yn y gobaith y bydd y noson hon yn ysbrydoli sioe ar gyfer Eisteddfod sydd wedi cael ei chynnal bob blwyddyn ers i mi gael fy ngeni. Yr ŵyl sy'n golygu gymaint i mi, nes i mi oedi rhag dod i'r byd am bythefnos gron, fel y byddai modd i mi gael fy ngeni i gyfeiliant ffanffer Eisteddfod Caerdydd 1978.

Ac er mor gyfarwydd yw'r syniad o Eisteddfod, bron nad yw'r noson hon ar dir a daear Ceredigion gyda daudwi-newydd-eu-cyfarfod yn teimlo mor ddieithr o wych â'r nosweithiau a dreuliais dramor amser maith yn ôl: yn y clwb dawnsio polyn yn Zagreb gyda HH a DBC, yn y goedwig yn Lahti yn canu gyda GK a CF, yn dawnsio salsa yn Cartagena gyda BO ac IW, neu'n yfed ym mariau gwag Tallinn gyda TH a FD. Yr unig wahaniaeth yw bod y ddau yma heno yn dod o Geredigion, roedden nhw o fewn ffrâm, neu o fewn orbit fy mywyd o'r dechrau. A rwy'n dod i weld, efallai am y tro cyntaf, nad y tirweddau o reidrwydd a oedd yn gwneud fy mhrofiadau mor unigryw, ond yr amgylchiadau. Gallwch deimlo dieithrwch o fewn eich patsyn eich hun; a darganfod yr anghyfarwydd yn y cyfarwydd – yr *uncanny*, chwedl Freud – teimlad o fod gartre mewn cartref nad ydych chi mewn gwirionedd yn ei adnabod.

"Ma hyn yn gyffrous!" meddaf i wrth TSC a HJ. A rwy'n ei feddwl e. Dros y blynyddoedd diwethaf, am beth rwy wedi bod yn aros yn gwmws? I wers nofio orffen? I'r ysgol ddechrau? I'r gwyliau ddod i ben? I rywbeth orffen coginio yn y ffwrn? I blentyn bach ddod o hyd i'w sgidiau? Oriau o aros am bethau bach, dim ond i gael aros amdanyn nhw eto, ymhen dim. Ac mae hyn yn wahanol. Doeddwn i erioed wedi ystyried y gallwn sefyll mewn cae yn aros i weld y lleuad yn codi yn araf o'r tu ôl i'w chuddfan, ac y gallai treulio'r noson allan yn Nhregaron fod mor gyffrous â mynd rownd ynysoedd Croatia ar gwch llawn awduron yn yfed siots o rakia ac yn bwyta pysgod ffres o'r môr, neu weld atyniad o adar yn taro goleudy Ynys Enlli ar noson ddileuad. Doeddwn i ddim wedi ystyried, ers blynyddoedd mawr, y gallwn chwilio am anturiaethau newydd o fewn fy myd-bach-a-aeth-yn-llai-ers-cael-plant, ac y gallai'r aros fod mor ystyrlon â'r foment o ddarganfyddiad. "The meaning is in the waiting," chwedl RS, y bardd y bûm yn obsesiynol amdano cyhyd; ac yntau â chysylltiadau lu gyda'r sir hon hefyd, am i'w dad-cu redeg tafarn y Porth yn Llandysul, y man lle y treuliwn fy holl nosweithiau meddwol yn y nawdegau. Fe âi i bysgota, yn blentyn, yn yr union fan lle saith deg mlynedd yn ddiweddarach y byddwn yn eistedd yno'n smocio gyda B, y ddwy ohonon yn methu stopio chwerthin yr holl ffordd i'r Porth, a'r tafarnwr yn gofyn a oedden ni eisiau brecwast gyda'n peintiau am ein bod yn cyrraedd mor hwyr.

Yr un afon yw hi, yr un dafarn; yr un cysylltiad dyfrllyd; lager gyda dŵr afon ar frig fy mheint yn lle lemonêd. Fi a RS ar lannau'r Teifi, gyda degawdau o ddŵr byrlymus rhyngon, yntau'n pysgota, minnau'n dychryn y pysgod i ffwrdd â'm chwerthiniad.

"Pum muned!" meddai TSC, a fy nihuno o'm myfyrdod, wrth i'w ffôn danio'n sydyn. Mae'n tracio'r lleuad ar app ar ei ffôn, mae'n ei stelcio hi fel hen gariad, yn gwybod yn union lle mae hi a phryd y down wyneb yn wyneb â hi. Mae e'n gwybod yn gwmws ble, y tu ôl i'r gorwel, mae hi'n cuddio; ond eto bydd ei syndod yr un fath â phe na bai ganddo'r syniad lleiaf lle y bu ers degawdau.

Mae prydferthwch mewn amynedd. Gadael y gofod i fod yr hyn mae e am fod. Gadael i fyfyrdodau arnofio rhyngon, fel pryfed disglair, anwel, y gallwch eu teimlo ond mo'u gweld.

Mae 'na bryfed go iawn yma hefyd sy'n ysu am ein pigo. Ac rydyn ni wedi cael ein rhybuddio i chwistrellu, tu ôl i'r clustiau, dros y gwallt, ar hyd ein gyddfau. Mae angen Jungle Formula, hyd yn oed yn Nhregaron, sy'n ychwanegu at y teimlad ecsotig. Mae'r arogl yn fy nhywys 'nôl i Fecsico, a rwy'n dair ar ddeg oed eto, yn yfed sudd papaya ar draeth yn Zihuatanejo.

"Ble ddiawl ma fe?" gofynna TSC, fel petai'n sôn am hen ffrind sydd wedi colli trac ar amser. "Wy'n disgwyl e draw fan 'na! Bydda i'n cico'n hunan nawr os deith e lan dros Garn Fawr!"

Mae hwn yn gweld y lleuad fel gwryw. A pham lai? Mae'r ddau yn ffrindiau mynwesol.

Mae'r rhain i gyd yn bethau pwysig i warchodwr nos. Union leoliadau y cyrff seryddol. "Co Iau fan 'na," meddai e, fel pe bai e'n sôn am ffarmwr lleol â'i gap yn ei law. Ac mae e'n gwybod, wrth edrych ar yr app, beth sydd ar fin digwydd. Mae e'n deall deinameg y chwarae rhwng lloer a daear. Ac rydyn ni'n tri, yn ddifeddwl, yn sefyllian yn yr un ffordd ag mae'r tri chorff seryddol yn ei wneud heno. TSC, ar y pen pellaf, rhaid taw fe yw'r haul. Mae HJ ychydig islaw ei ysgwydd, felly rhaid taw fe yw'r ddaear sy'n symud rhyngddon ni'n raddol, a rhaid felly wedyn taw fi yw'r lloer.

"Beth os y'n ni'n edrych i'r cyfeiriad anghywir?" Dyna yw pryder TSC. Beth os daw'r lloer i mewn trwy'r drws cefen, fel petai, rholio i lawr dros y bryn, a'n taro ni'n tri fel sgitls?

"Mae e fod wedi cyrra'dd," medd TSC. Mae'r panig yn ffrwtian yn ei lwnc. Yn y foment hon mae'n sylweddoli iddo roi'r holl gyfrifoldeb am ymddangosiad y lleuad ar ei ysgwyddau meidrol ei hun. Pe bai modd iddo godi'r lloer i'r awyr, ei dal yng nghledr ei law, fe fyddai'n gwneud hynny.

"Oes 'na damed bach o binc-coch yn y canol man 'na?" hola HJ, sydd fel fi, heb wneud hyn erioed o'r blaen. Dyna, rwy'n dod i ddeall yw un o rinweddau HJ, mae e'n gwbl agored. "Ma 'da fi ddiddordeb ym mhopeth," dywedodd wrtha i'n fuan wedi i ni gwrdd.

Distawrwydd. Rydyn ni'n edrych i'r gorwel. Yn ewyllysio iddo droi'n binc. Ond does dim byd i'w weld.

"Wel wy'n dychmygu 'mod i'n gallu 'i weld e," meddaf, rhywbeth sydd fawr o help i neb.

Mae 'na hysbysiad arall yn seinio trwy'r app: mae'r lleuad i fod yno, ond nid yw'n weladwy.

"Chi 'di byta'n dda cyn dod mas?" hola TSC. Mae e'n trio pasio'r amser nawr. Neu yn trio ein dargyfeirio rhag gweld y lloer cyn ei fod e'n ei gweld hi, dwi ddim yn gwybod pa un. Mae 'na ryw densiwn yn bodoli, pwy sy'n mynd i fod y cyntaf i'w gweld hi.

"Llond powlen o pasta," medd HJ. Rydyn ni wedi bondio drwy ein hoffter o *pesto*.

"Ac afocado yr un," ychwanegaf i, "a pice ar y ma'n."

Galla i ymdopi â hyn oll ar stumog lawn. Daw bola'n gefen; fy nghred ers cychwyn amser.

"Naethoch chi nhw'ch hunen?" mae TSC yn gofyn.

"*Complimentary* gan Pentre Bach," meddai HJ. "Oddi wrth Sali Mali."

Rydyn ni'n lletya yn nhŷ Shoni Bric-a-Moni. Doedd dim lle yn y Talbot, ond eto mae'r arhosiad fel petai'n addas ar ein cyfer ni; er gwaetha siom plant bach y Cylch Meithrin lleol â'u dwylo yn erbyn y gwydr yn y boreau, sy'n pendroni pam nad yw Jac a Jini, sydd wrth eu cyfrifiaduron, ddim byd tebyg i'r hyn roedden nhw'n ddychmygu. Ac mae 'na adegau pan rwy'n teimlo fel ffuglen fy hun, yn sefyllian mewn cae oer fin nos, mor wahanol i fy nosweithiau arferol fel mam, yn ystwyrian ar y landin, yn gwneud yn siŵr fod pawb yn cysgu. Mae hi fel pe bawn wedi disgyn yn bendramwnwgl i un o lyfrau'r plant, er mwyn cuddio o dan y llabed papur fel Sali Mali, rhag cael fy llusgo 'nôl i fywyd go iawn.

Heno, yn digwydd bod, mae hi'n union hanner can mlynedd ers lansio Apollo 11. Gorffennaf 16, 1969, dechreuodd

Armstrong, Aldrin a Collins allan ar eu taith i'r lleuad. Ac wrth feddwl am Armstrong, Aldrin a Collins, alla i ddim peidio â chofio am y tair ar ddeg o fenywod o'r chwedegau y bu'n rhaid iddyn nhw aros yn stond ar y ddaear, eu hyfforddiant wedi ei derfynu am nad oedd NASA am iddyn nhw fynd i'r gofod. Tair ar ddeg o fenywod a oedd yn fwy na pharod i fynd, pe baen nhw mond wedi cael y cyfle. Mercury 13. Un ohonyn nhw ag wyth o blant! Ac yn sydyn mae'r syniad i mi adael fy mhlant fy hun, i ddod i dref dri deg milltir i ffwrdd, mewn Vauxhall Mokka ac nid mewn roced (a'i barcio ger car Bili Bom Bom), yn chwerthinllyd o ddibwys.

Janey Hart oedd ei henw hi. Y fam gyntaf oedd i fod i fynd i'r gofod. A phan ofynnwyd iddi sut y gallai rhywun ag wyth o blant fynd i'r gofod, dywedodd hi: "If you had eight children you'd want to go to space too!"

Er bod sawl un o'r menywod hynny wedi marw erbyn hyn, dyw Wally Funk, sydd bellach yn ei hwythdegau, ddim wedi ildio'r freuddwyd o hyd. Mae ganddi docyn i hedfan ar awyren-ofod Virgin Galactic, ac mae'n aros am ei chyfle i wireddu'r hyn a wadwyd iddi gan NASA. Er mwyn gwneud ei stori hi'n gyflawn, cyn ei bod hi'n rhy hwyr. A does gan Wally Funk ddim plant; dim teulu, dim partner, a hynny i gyd o ddewis, am iddi daeru nad oedd cariadon 'yn dysgu rhyw lawer iddi' ac nad oedd y bobl roedd hi'n eu hadnabod oedd â phlant a gwŷr a gwaith ysgol a gwaith tŷ i'w sortio, byth yn cael amser iddyn nhw eu hunain. Ac ar ei bys, mae ganddi fodrwy aur ag adenydd wedi eu cerfio iddi.

Achos gyda'r awyr mae Wally'n briod. Fel y lloer, dyw hi ddim eisiau perthyn i neb.

Ac er bod gen i ŵr a phlant, sy'n fy naearu, galla i ddeall – fel pob menyw o bosib – beth fyddai'r atyniad o fod yn briod â'r awyr yn unig. O syrthio i mewn i'r llyfr a chuddio dan y llabed. A rwy'n meddwl am Wally Funk nawr, wrth edrych i'r gorwel at y lleuad sydd ddim yn dod, ac yn ewyllysio iddi gael yr hyn mae hi'n ei ddymuno, sef esgyn i'r gofod ac i wneud hynny dros Janey Hart, sydd bellach yn ei bedd, y fam i wyth a oedd yn barod i fentro.

Ond fe fentrodd mamau eraill wedyn. Anna Lee Fisher, y gyntaf, yn 1984, ac erbyn hyn mae nifer o ferched a mamau wedi esgyn i'r entrychion. Mae'r Siapaneaid hyd yn oed wedi bathu term newydd am yr ofodwraig-fam, *mama-san uchūhikoushi*, yn dilyn taith Naoko Yamazaki yn 2010.

"Ma 'da'r dre hon statws croeso i gerddwyr," meddai TSC yn sydyn. "Llandysul a Phont-Tyweli 'fyd."

Ac mewn ennyd, dwi wedi gadael Wally a Naoko yn arnofio uwch fy mhen, ac yn croesi'r bont 'nôl dros yr Afon Teifi, i'r man lle mae fy nhref enedigol yn croesawu cerddwyr. Fel pe bai pob tref arall yng Nghymru yn troi eu cefnau arnyn nhw. Meddyliaf am y nosweithiau lawer y bûm ar gerdded yno, yn dilyn tlysau y goleuadau oren o Westy'r Porth rownd y system un ffordd yn ôl at fy nghartref, fy nghamau'n ddigon simsan, tra bod ysbryd RS yn cerdded y ffordd arall. A dyma ddechrau chwerthin wrth gofio i mi ddiolch yn feddwol i dad fy ffrind, B, am roi lifft i mi yr *holl-ffordd-rownd* i ddrws y tŷ, er mai dyna'r unig ffordd gyfreithlon y gallai yrru gartre.

Efallai nad y math yma o gerddwyr mae TSC yn feddwl.

Rydyn ni'n dal i aros. Os gall Wally Funk barhau i freuddwydio am gyrraedd y gofod yn wyth deg oed, fe alla innau yn ddeugain ac un aros ar fy nhraed mewn cae oer i weld y lleuad.

"Beth am gymryd bets ym mhle bydd e'n ymddangos,"

meddai HJ, sydd hefyd yn gweld y lleuad fel gwryw. Bron nad yw'n mynd yn ddi-rywedd yn ei habsenoldeb.

"Garn Fawr," meddai HJ.

"Craig y Fintan," meddai TSC.

"Draw fan 'na," meddaf finnau, a phwyntio at ryw le amhenodol.

Ac rydyn ni'n troi i edrych y ffordd arall nawr, yn cofio am y byd sydd oddi tanon ni, lle mae Tregaron yn tywynnu'n ddistaw. Y dref nad yw'n gwybod eto na fydd y Steddfod yn dod i'w rhan yn 2020, er gwaetha'r cyffro a deimlodd TSC pan glywodd fod ein Gŵyl Genedlaethol yn dod i Dregaron: ei laniad lleuad personol.

Does dal ddim sôn am leuad.

"Mae e fel aros am bysgodyn," dywed TSC.

Eto dychwelaf at lan Afon Teifi. RS yn ysgwyd ei ben fy mod wedi dychryn y sewin i ffwrdd gyda fy ffwlbri, gyda'r math o siarad wast wy'n ei wneud nawr. Edrychaf i'r dŵr a gweld cylch yn troi, y cylch sy'n dynodi fy mod wedi dinistrio'r foment berffaith. Dwi'n dychmygu gwneud yr un peth i'r lleuad, y lleuad sydd ar fin dod dros y bryn o rywle nes iddi synhwyro yn fy llais nad ydw i'n gwbl o ddifri wrth wneud hyn. Y cylchoedd o wrthwynebiad yn ymddangos yn yr awyr. Wyt ti isie gweld y sioe 'ma neu beidio, groten?

Heb yn wybod i ni, dyma'r sioe. Dyma'r Steddfod.

"Wy'n 'i weld e! Wy'n 'i weld e!"

Pan 'chi wedi aros cyhyd, mae'r datguddiad yn fwy o ryfeddod. Roedd HJ yn iawn ac roedd 'na ryw wawr wan goch iddi. Nid lloer oer, glir, fy arddegau yw hi, rhywbeth arall, mwy anghyfarwydd. Dyma hi – fe – yn dod, yn deor o'r tir ac unwaith eto rwy'n rhyfeddu mai ar fympwy yn unig y gwelais y lloer am ddeugain o flynyddoedd, nes y foment hon. Pam na es i erioed i chwilio amdani? I aros amdani?

Mae'r ddaear wedi symud rhwng yr haul a'r lleuad ond nid yw'r tri chorff seryddol hyn wedi ffurfio llinell syth yn y gofod felly mae 'na gysgod i'w weld. Mae rhan fechan o'r lleuad wedi ei chuddio gan y man tywyllaf, mwyaf canolog o gysgod y ddaear, y *penumbra*. Mae hwn yn cael ei daflu aton ni fel petai am ein hatgoffa ei fod yno, fod 'na gysgodion yn llechu yn rhywle o hyd i'n rhwystro rhag gweld y darlun cyflawn.

Mae'r teimlad yn un rhyfedd, gweld ein cysgod ein hunain wedi ei adlewyrchu yn yr awyr. Mae HJ yn dweud nad yw erioed wedi profi teimlad tebyg i hwn o fod ar blaned sy'n troi, ac wrth iddo ddweud hynny, rwy hefyd yn teimlo nad oes yr un ohonon ni'n gwbl sefydlog, er gwaethaf sicrwydd ein traed yn y pridd.

Nid yw'r diffyg hwn yn ddiffygiol, rhywsut. Mae'n profi ein bod ni'n wirioneddol fodoli; nad rhith mohonon ni. Rydyn ni'n rhan o greadigaeth, ac mae 'na orchest mewn taflu ein presenoldeb i'r awyr fel hyn. Rydyn ni'n hawlio'n lle, yn amlygu ein hunain i'n gilydd, wrth basio heibio yn y gofod. Rydyn ni'n anferth, ac yn fwy arwyddocaol nag y byddai rhywun yn ei dybio. Ac er mai ar lecyn bach o dir yng Ngheredigion ydyn ni'n tri, ni'n rhan o'r hyn sy'n creu'r cysgod rydyn ni i'n gweld yn yr awyr. Yn rhan enfawr ohono, er mor ansylweddol ydyn ni. Ac wrth i'r lloer esgyn, mae'r cyfan ynddi, y mannau lle rydyn ni i gyd yn cwrdd ac yn gorgyffwrdd, ni fodau dynol a nhw, y bodau seryddol: fel petai'r cyfan yn weledol yn yr eclips lloerol hwn, yn y dyfnder du ac yn y lliwiau hynod, effro. Mae gronynnau ohonon ni yn gymysg â'r gronynnau bychain yn atmosffer y ddaear sy'n adweithio â'i gilydd, a dyna sy'n creu y lliw, ac yn creu ein cysgodion ni hefyd. Ac er ymhen deuddeg mis, bydd y cae islaw yn dal i fod yn wag, yn ofod tywyll, dileuad, fe fydd yn rhaid cofio mai megis cysgod yw hyn, y diffyg rhannol, nid terfyn; eiliad mewn amser lle bu'n rhaid i ddüwch gipio lle'r goleuni.

Ond mae'r goleuni hwnnw yn rhywbeth y gallwn ei durio o'r dyfodol. Ei hawlio droson ni ein hunain unwaith yn rhagor. Ac yn hytrach na haul ar fryn, yn y pen draw, fe ddychwelith lleuad dros fynydd, i gadarnhau na fu erioed ymhell; nad oedd, wedi'r cwbl, ond lled cae oddi wrthyn ni, yn barod i wawrio.

Dim ond i ni aros.

Lleuad Lawn

UNWAITH Y MIS, mae'r lleuad yn rhoi ei hun yn gyflawn i ni.
Neu mae'n ymddangos felly, wrth iddi dywynnu'n gyfan
gwbl gron. Ond tric yw hynny. Mae ei ffuglen o berffeithrwydd
yn dod o'i chylchdro. Ei symudiadau sy'n rhoi'r wedd hon ar
bethau. Ar noson dywyll, loerlawn, wrth i ni syllu i fyny, gall yr
oblong amherffaith ddiosg ei phlisgyn a'i chroen-lemwn ac
esgus, fel Sinderela, ei bod hi'n berl esmwyth, heb iddi roi cyfle i
ni brofi fel arall. Ond wrth ei gweld yn agos-agos, gwelwn ei bod
hi'n debycach i lygad ar sgrin yr optegydd, cylch sy'n blorog-
amherffaith ond yn we o ryfeddodau.

Rhyfeddwn at leuad lawn yn fwy nag y gwnawn ar unrhyw
un o'i chyfnodau eraill. Safwn yn stond ar strydoedd ac mewn
caeau, ac eisteddwn yn ddefodol ar silffoedd ffenest ac ar
falconis a daw rhyw heddwch droson ni. Mae rhyw rym iddi sy'n
gwneud i ni ystyried pethau'n wahanol; mae ansawdd uwch i'n
cysgodion ni, a rhyw hud i nosweithiau a allai fod yn ddiflas. Ac
yn sydyn rydyn ni'n gysurlon o fach, ym mawredd ei golau hi.

Dyma ein lloeren naturiol ni; mae gan bob un ohonon ein
hawl arni ac eto dyw hi ddim yn perthyn i neb. Mae hi'n rhydd
mewn ffordd na fyddwn ni fyth. Does ganddi ddim hunaniaeth;
dim pobl. Mae hi'n rhydd o'r holl gymhlethdodau sy'n dod yn

sgil disgyrchiant. Mae pob profiad sydd wedi digwydd iddi erioed yn aros yno, wedi eu rhewi ar ei harwyneb; olion traed Aldrin ac Armstrong, a holl lanast yr offer a adawyd ar eu holau. Yno, yn rhywle, mae'r bêl golff a hyrddiwyd gan Alan Shepard o Apollo 14, a llun o deulu Charles Duke, yr Americanwr ieuengaf i gamu ar y lleuad erioed ac arno'r geiriau: "This is the family of astronaut Charlie Duke from planet Earth who landed on the moon on April 20, 1972." Y rhain oll yn ymdrechion i roi rhyw hunaniaeth iddi, a cheisio ei meddiannu. Ond mae hi'n gwybod nad yw hi'n eiddo i neb. Gŵyr nad ydy llun nac olion traed yn ei gwneud hi'n Americanes. Cadw'r pethau hyn y mae hi'n unig; fel prawf o'r hyn sydd wedi digwydd iddi, ond dyw hi ddim, yn wahanol i'r ddaear, yn gadael i neb ei thiriogaethu. Mae ei diffyg awyrgylch, ei diffyg disgyrchiant, yn neges glir i'r bobl hynny na fydd 'na newid i'w ffordd hi o wneud pethau. Os ydyn nhw eisiau dod yma, ac aros; fe fydd yn rhaid derbyn yr amgylchedd – y diffyg amgylchedd – doed a ddelo.

Ac wrth ei gweld hi'n arnofio i fyny yn fan 'na, yn gyflawn, daw'r ymdeimlad nad gwlad, nac iaith, na diwylliant ydyn ni, ond planed. Un sydd wedi newid tu hwnt i bob adnabyddiaeth ers cychwyn amser, tra ei bod hi, y lloer, chwarae teg, wedi aros yn driw iddi hi ei hun.

Ac mae ei llawnder yn hanfodol nawr, wrth i'r afal cactws o Beriw flodeuo'n sydyn dan ei gwawl, ac wrth i'r crancod pedol fridio a bwydo ar ei llanw uchel, ac wrth i'w phelydrau annog yr *Ephedra foeminea* i ryddhau hylif siwgrllyd i ddenu trychfilod nosluniol y paill.

Ac yn y Barriff Mawr, daw ei llifoleuadau i gynnau perfformiad y Cwrel. Esgynna eu perlau tua'r wyneb, ymffurfio'n froc môr rhuddem ar donnau'r lli. Ac er nad oes ganddyn nhw lygaid i weld, eto maen nhw'n deffro; achos mae modd synhwyro goleuni, heb ei weld, on'd oes? Ac wrth droelli gyda'r cerrynt, mae'r cwrel dilygad yn teimlo'r llawnder.

A daw'r sylweddoliad i ni, fodau cyffredin, pan fyddwn yn sylwi arni, pan fydd hi mor fawr weithiau o'n blaenau nes iddi ymddangos o fewn cyrraedd, nad yw hi wir yn fan estron, yn Dir-na-nog, yn fan gwyn fan draw anghyraeddadwy, ond ei bod yn ein cyffwrdd ni oll, bethau byw, yn ei hamryfal ffyrdd.

A thu hwnt i hynny hyd yn oed, sylweddolwn ein bod ni, fel gweddill Cysawd yr Haul, nid â'n traed ar y ddaear fel yr oeddwn yn ei dybio, ond yn arnofio fel popeth arall, ynghanol y dirgelwch mawr du.

Yr hyn mae'r lleuad lawn yn ei bwysleisio wrthyn, fis ar ôl mis, pe baen ni'n barod i weld hynny, yw hyn: rydyn ni eisoes yn y gofod. Rydyn ni wedi bod yno erioed.

Y Parti

RHYW BEDWAR NEU chwech neu ddau ar bymtheg o leuadau llawn yn ddiweddarach, dwedon ni wrth ein gilydd taw dyna'r parti gorau a welodd pobl Llandysul erioed.

Wedi dweud hynny – y bore ar ôl y parti – pan ganodd y gloch, ac roedd 'na dri wyneb annisgwyl ar stepen y drws; fe allech fod wedi taeru taw dyna'r peth gwaethaf ddigwyddodd yn hanes y bydysawd.

Ac weithiau dwi'n mynd 'nôl i'r noson gynt, pan oedden ni'n dau – fi a M – ar drothwy'r digwyddiad, a'r lleuad heb eto gyrraedd ei llawnder. Bryd hynny, roedd 'na gyfle i roi stop ar y cyfan. Ond roedd y golau hwnnw uwch ein pennau eisoes yn gwneud i'r llanw godi a dod â dŵr yr afon fymryn yn nes at y bont. Yn gwneud i'r cathod gilio dan y coed a gorfodi'r cŵn i udo heb iddyn nhw ddeall pam. Roedd ein synnwyr eisoes yn dechrau diffodd gyda'r sêr, a'r tes arian yn gwneud i bethau nad oedden nhw'n hardd go iawn ymddangos felly; y sbwriel fel dafnau o aur ar balmant Llandysul, y biniau haearn yn sgleinio fel mercwri a'r tarmac yn gwisgo gwawr oren y stryd fel colur rhad.

Wrth i ni heneiddio, mae 'na lai o ddŵr yn ein cyrff. Ac un o'r rhesymau pam y bydd *hangovers* yn llusgo am ddyddiau yw'r ffaith nad oes modd iddyn nhw olchi ymaith gyda'r ystôr o ddŵr naturiol a oedd yn arfer ffrydio o gwmpas celloedd y corff. Yn yr hen ddyddiau, dwedwn ni y nawdegau (achos mae'r rheiny'n hen-hen ddyddiau, er bod naw deg saith yn dal i deimlo fel rhywbeth y medrwn ei gyffwrdd â bawd fy nhroed pe bawn i'n gollwng hwnnw'n ddigon dwfn i Afon Teifi), doedd neb yn cael *hangovers* achos bod 'na gefnforoedd ynddon ni i gyd. Ton ar ôl ton i'n bendithio'n ddyddiol nes bod ein cyrff yn sgleinio fel bae gwyn, digyffwrdd. Er mwyn i ni wneud pethau dwl eto, ac eto, ac eto, heb feddwl y byddai 'na ganlyniadau.

Ac os ydyn ni'n derbyn nad oedden ni'n bethau solet, fel oedden ni'n tybio, ond yn chwe deg y cant o hylif, onid yw e'n gwneud synnwyr mai rhyw bethau simsan oedden ni, yn hawdd ein boddi gan ddwli, haws fyth i'n synnwyr gael ei olchi i lawr Afon Teifi gyda'r sewin? Ac os oedd y lleuad lawn yn gallu effeithio ar donnau'r lli, onid oedd e'n bosib iddi effeithio ar ein hymennydd hylifol mewn ffyrdd cyfrin, y llanw a thrai anweledig hynny yn ddwfn yng ngwythiennau'r cof?

Yn sicr roedd Aristotlys o'r farn bod y dŵr yn yr ymennydd yn hawdd ei gorddi gan ddylanwadau'r lleuad, a dyna oedd yr esboniad dros ymddygiad rhyfedd ambell un unwaith y mis. Ond wedi dweud hynny, fu Aristotlys erioed yn Llandysul ar noson ddileuad chwaith, naddo?

Ai'r lloer yn unig oedd yn gwneud y gwahaniaeth?

Nid yw llawnder y lleuad, na damcaniaethau Aristotlys, yn gallu ein darbwyllo ni, fi na M, fy mrawd bach, i roi'r gorau i'r syniad. Mae ein rhieni bant am un noson yn unig ac ae si ar led ein bod ni'n mynd i gael parti, yn ein tŷ newydd sbon. Mae hyn yn digwydd heb i ni hyd yn oed drafod y peth ac mae M yn clywed ac yn fy herio amser cinio yn y gilfach gotiau,

"Wyt ti wedi bod yn dweud wrth bobl bo ni'n mynd i ga'l parti?" Ac er nad ydw i mewn gwirionedd wedi dweud hyn wrth neb, yn sydyn iawn mae hi'n haws cael parti na pheidio, yn enwedig nawr â phawb wedi dechrau siarad am y peth. Does 'na ddim negeseuon testun nac e-byst i gadarnhau nac i negyddu'r ffaith, wedi'r cwbl. A chan ein bod yn dal i feddwl y byddai modd rheoli llond tŷ o bobl yn eu harddegau dan leuad lawn yng nghesail Ceredigion, rydyn ni'n dweud ta-ta wrth ein rhieni (sydd 'mond yn mynd mor bell â gwesty yn Heathrow, er mwyn i Mam gael dal awyren y bore wedyn), ac yna'n eistedd lawr i gynllunio strategaeth fanwl ar sut i gyfyngu ar y difrod: cario celf ein rhieni i lawr i'r stydi o dan y grisiau yw cynllun M, y stafell yr ydyn yn tybio, yn hollol ddi-glem, y bydd modd siarsio pobl i beidio â mynd iddi. Gosod hylif glanhau mewn amryw o gorneli o gwmpas y tŷ yw fy syniad i, er mwyn gallu ymateb i argyfwng ar fyrder, a thyngu llw i daflu unrhyw un sy'n camfihafio allan ar y stryd. Ac os bydd 'na chwydfa (ni'n nabod ein ffrindiau a'u stumogau bregus), yna, rydyn ni'n cytuno i ddelio â hwnnw cyn gynted ag y bo modd, nid ei anwybyddu, fel ni'n dueddol o wneud â chwd y gath, gan obeithio y bydd yn diflannu mewn pwff hudol o Shake 'n' Vac.

Er mai dathlu yng nghwmni ffrindiau yw'r bwriad, mae 'na ryw deimlad ein bod ar fin mynd i ryfel. Ein bod wedi'n harfogi, yn barod i frwydro yn enw mwynhad. Gan wybod, wrth i amser dician yn ei flaen, bod ein ffrindiau'n rhaffu pob math o anwireddau am beth sy'n digwydd yma heno: "Parti pen-blwydd. Cwpwl o ffrindie draw i wylio ffilm. Dathlu diwedd yr arholiade. Gorffen prosiect Technoleg Gwybodaeth..."

"Ody, ody, ma eu rhieni nhw getre, pidwch becso," y

celwyddau yn ymrolio, fesul un, fel stribed losin o wlad dramor.

Ac uwch ein pennau mae'r lleuad lawn yn dechrau amlygu'i llawnder, ac mae hithau mor gyffrous â ni i weld beth sydd am ddigwydd nesaf, ac yn sydyn mae'n dechrau lleihau, yn fach, fach o flaen ein llygaid, yn trawsnewid yn smotyn bach o blastig, a'r smotyn hwnnw nawr yw botwm y gloch sy'n denu'r bys bach diniwed cyntaf i'w gyffwrdd ac mae'r *ding-dong* yn ysgwyd y tŷ i'w seiliau.

Yr ochr draw i'r dref, yn nhafarn yr Half Moon, mae 'na griw o ganŵ-wyr wedi ymgynnull. Maen nhw wedi dod o drefi ar draws Lloegr am fod gan yr Afon Teifi y grym i ddenu pobl o bob man i bysgota, i ganŵio a beth bynnag arall y mae modd ei wneud ar ddŵr gwyn. Y Llandysul Paddlers chwedlonol. Ac maen nhw wedi ymlâdd heno, y canŵ-wyr 'ma o Loegr, ar ôl bod ar yr afon yn eu *kayaks* drwy'r dydd, ac mae rhai yn grediniol mai'r lleuad lawn a achosodd y fath gyffro o ewyn gwyn ar eu taith. Ond mae'r lleuad lawn yn cael effaith arall arnyn nhw; wrth greu syched nad oes modd ei ddiwallu, a nawr mae dŵr yr afon yn gymysg â'r ewyn ar dop eu peintiau ac mae'r awch fel afon na fedrir ei rhwystro rhag llifo i'r môr, a phan fydd 'na rywun yn sôn fod y dafarn hon yn cau ei drysau am un ar ddeg heno mae'r bois i gyd yn ochneidio, achos does dim awydd gyda nhw i fynd 'nôl i'w pebyll a therfynu'r noson gyda *zip*. Maen nhw eisiau partïo'n ddwl achos mae hi'n lleuad lawn ac mae 'na oleuni a dŵr afon a chwrw yn cythru ar hyd eu gwythiennau. Ac maen nhw'n teimlo'r wefr hefyd o fod yn ddieithriaid, yn ddieithriaid pur mewn tref lle mae pawb yn nabod ei gilydd. Mae 'na ryw ymdeimlad y gallen nhw wneud unrhyw beth; ac na ddaw eu gwragedd, na'u cariadon, na'u neiniau fyth i wybod. Ac mae 'na rywun yn dweud: "Some kids are having a party, over in that new house," ac mae'r frawddeg yn diferu allan o'r drws, a gam wrth gam maen nhw'n dilyn y geiriau i lawr, lawr y stryd ac at y bont sy'n aros amdanyn nhw dan gysgod y coed a'r goleuadau oren, y bont rhwng y dydd a'r nos, rhwng gwallgofrwydd a synnwyr, ac oddi tanyn nhw mae'r sewin sgleiniog yn pasio heibio'r holl drybini ac yn gwibio'n ddiedifar i gyfeiriad y môr.

A dyma lle mae e'n sefyll, y tŷ newydd sbon hwn, fel lleuad fach ei hun ynghanol y gofod yna rhwng y graig a'r stryd, y gofod, lle gwta flwyddyn yn ôl, doedd 'na ddim byd. Dim byd o gwbl. Y cartref a adeiladwyd yn arbennig ar gyfer y teulu hwn, yr adeilad roedd pawb yn y dref yn tybio fyddai'n gartref i'r toiledau cyhoeddus neisaf a welodd Llandysul erioed, nes iddyn nhw weld, gyda chryn siom, y faniau'n cyrraedd yn cario dodrefn a chelf a lampau a phobl. Ac mae'n eithaf balch ohono ei hun, yn falch o'i fodolaeth, yn reit falch nad-yw'n-doiled, ac y gall bricsen ar ben bricsen esgyn i'r awyr yn siâp cadarn, hirsgwar, soled, yn dri llawr smart. A'r eiliad hon, ar gychwyn y noson leuad lawn, gyda'r celfi i gyd yn ddiogel yn y stydi, y gath yn dal i fod yn ystwyrian o gwmpas y lle mor dawel a M heb agor y drws eto a hi, Ff yn sefyll allan yn y cefn yn edrych ar y lleuad yn bownsio oddi ar y tipyn gwair sy'n dal i fod yn sownd wrth y graig, mae modd i'r tŷ deimlo'n falch ynghanol pob dim, yn falch iddo hawlio ei le yn y cysgod hwn a'i bendithiodd yn 'Cysgod-y-Graig'. Mympwy yw bodolaeth pob tŷ, wedi'r cwbl. Fe fu'r teulu yn chwilio ac yn chwilio am dŷ yn yr ardal hon, ac fe fyddai wedi bod yn llawer haws petaen nhw wedi prynu un oedd eisoes ar ei draed, yn hytrach na chwilio am ofod lle gallai cartref fodoli. Nid pawb sy'n gweld bwlch fel rhywbeth i'w lenwi.

Mae fel set opera sebon nawr, y tŷ tri llawr 'ma sy'n wynebu'r stryd. Mae'r ffaith fod yr hewl yn pantio rhywfaint wrth y gyffordd gyferbyn yn golygu ei bod hi'n bosib i geir sy'n oedi sbecian i mewn os ydyn nhw'n dymuno; i gael cip ar fywyd y teulu, i weld fflach o rywun yn mynd lan neu lawr y grisiau: gosod y bwrdd, agor y drws, gadael y gath mas. Dramâu bach dyddiol ar y set.

Pa fath o ddrama ddaw i'w ran heno, tybed? Mae'n dal i obeithio taw perfformiad cynnil fydd y stori hon. Mae'r lloriau pren newydd eu trin, mae'r paent ar y waliau'n dal i sawru'r stafelloedd. Mae'r cyfan yn ffres. Mae'r tŷ i bob pwrpas yn faban newydd-anedig nad yw wedi cymryd ei gamau cyntaf eto. Mae'n ddigon cryf i sefyll, ydy, ond duw â ŵyr beth ddigwyddith os bydd e'n trio symud. Achos dyw e ddim eto'n gwybod i ble y dylai fynd. I ble mae tŷ newydd sbon yn mynd, dwedwch? Un sy'n sownd wrth graig?

Ai cael ei ddymchwel fel set fydd ei hanes, gan fradychu'r ffaith nad oedd dim byd yno ond bwlch?

Ei unig ddymuniad yw mai ymhen degawdau, canrifoedd i ddod y bydd hynny'n digwydd. Nid heno.

Yn fuan iawn fe ddaw M a minnau i sylweddoli nad oes modd i ni bartïo yn ein parti ni'n hunain. Rydyn ni'n fwy fel parafeddygon prysur, yn pasio'n gilydd ar y grisiau yn cyfnewid gwybodaeth am yr argyfwng diweddaraf. Fe chwydodd rhywun ar y carped, do, ond roedd hynny'n ddigon hawdd ei glirio. Mae'n bosib i ferch dorri ei braich wrth lithro ar batsyn o seidr ar y llawr pren, ond mae'n parhau i ddawnsio gyda'i braich yn hofran wrth ei hochr fel cromfach, a fyddwn ni ddim o gwmpas fory pan wneith hi ddeffro â'r asgwrn fel sach-dato-o-drwm ar ei gobennydd. Agorodd rhywun ddrws y garej, dau frawd, ac maen nhw i mewn yno gyda'r gath, a dwi ddim yn eu trystio nhw ond mae M yn dweud mai dyna dwi'n ei gael am eu gwahodd nhw yn y lle cyntaf. Dwi'n dadlau bod S, ei ffrind yntau gyda'r *nunchucks* yn clecian wrth ei ochr, yn fwy o risg mewn parti; mae'n edrych fel pe bai am ladd rhywun: "ydy'r pethau 'na hyd yn oed yn gyfreithlon?" Mae M yn dadlau bod ei ffrindiau yn 'ffyliaid-gyda-ffiniau' nid fel fy rhai i, sydd eto i ddeall eu bod nhw'n ffyliaid, ac sy'n siŵr o ddinistrio rhywbeth gan daeru y bore wedyn nad ydyn nhw'n cofio gwneud hynny. Mae rhywun wedi agor drws y stydi ond ar yr un pryd mae 'na rywrai yn agor drysau lan lofft ac mae'r chwarae yn dechrau mynd yn afreolus, achos mae'n cymryd dros dri deg eiliad i gyrraedd o waelod y grisiau i'r top. Pwy yw'r gofid mwyaf? Y crotesi lan staer neu'r cryts lawr staer? Tu ôl i ba ddrws mae'r pechod mwyaf? Mae 'na rywbeth yn digwydd rhwng J a C yn fy stafell wely i, a dwi rhwng dau feddwl a ddylwn fod yn sefydlu rhyw fath o batrôl tu allan i'r drws, achos does dim clo ar hwnnw.

Ac ynghanol yr hwrli bwrli 'ma wy'n pipo 'mhen mewn i'r stafelloedd ar y llawr canol, ac yno mae calon y parti 'ma, mae 'na bobl yn lolian ar soffas, yn mwynhau eu hunain, yn cymysgu diodydd wrth gownter y gegin, yn gwrando ar gerddoriaeth, a does dim byd i'w weld yn rhy gymhleth nac anghynaladwy yno. Yn y canol mae'r cymesuredd, mae'r teimlad bod y parti 'ma'n beth hollol synhwyrol i'w gynnal, ffordd o gadw pobl cefn gwlad oddi ar y strydoedd ar nos Sadwrn, bois bach! Ac mae'r lloer i'w gweld dim ond rhyw fymryn bach, bach nawr, yn ffrydio'n borffor ac arian wrth ymylon sil y ffenest, yn bendithio'r hyn rydyn ni'n ei wneud. Mae hi'n gymysg â'r gwin, yn un â'r elicsir sy'n llifo i lawr ein gyddfau.

Ond ai bendithio mae hi? Yntau ein rhybuddio? Hyd yn oed wrth i'r parti 'ma ddigwydd mae 'na ryw deimlad ei fod wedi digwydd, droeon, bobman, a nad oes 'na ddim byd yn fwy rhagweladwy na hyn: brawd a chwaer yn eu harddegau yn cael parti mewn tŷ, ar noson pan mae eu rhieni i ffwrdd. Ac mae'n dwyn i gof rhyw barti arall, mewn tŷ a oedd ynghudd yng nghefn gwlad, pan fues i'n sâl yn y peiriant golchi llestri, gweithred na fu neb yn dyst iddi, heblaw am yr ystlumod a ddigwyddodd wibio heibio ffenest y gegin, yn rhyfeddu arna i'n cau'r peiriant a golchi'r holl fusnes brwnt ymaith.

Dwi ddim yn sylwi ar D yn dod i mewn i'r parti. Does gen i ddim syniad sut y cafodd fynediad i ddweud y gwir, nes mynd allan i'r dec ar yr ail lawr a gweld bod cysgod islaw. Y cysgod hwnnw yw'r unig fachgen roedden ni wedi ei wahardd, bachgen sy'n cael ei gydnabod fel un sy'n achosi hw-ha, ac mae hwnnw wedi nôl ysgol deg troedfedd ei dad, a'i gosod yn ddistaw bach wrth ymyl y graig sy'n arwain at yr ardd, gan gynnig mynediad hawdd i'r parti i unrhyw un sy'n ofni na fyddan nhw'n cael fawr o lwc wrth ganu'r gloch.

Ac mae D yn un o'r rheiny sy'n gwybod na chaiff unrhyw lwc wrth ganu'r gloch. Mae hyn rhyw flwyddyn wedi i 'ngharwriaeth i a D ddod i ben yn ddisymwth achos rhywbeth ddigwyddodd rhwng fi a J, y J sydd nawr yn fy stafell wely gyda C. Ac mae D yn ailddechrau actio'r boi-caled fel y byddai'n arfer gwneud, gan nad yw meddalwch yr haul yma i'w ddoddi. Ac mae e wedi dod â rhywun gydag e, nid rhywun addfwyn-ddireidus fel W, ond rhywun sydd wir yn drwbwl, ac maen nhw'n mynd o stafell i stafell yn arthio ar bobl, yn tynnu bwyd o gypyrddau, yn rhacso pethau. Ac mae ffrae yn dechrau. Ac er 'mod i ddim yn ferch ddewr mewn gwirionedd, dwi'n gwybod 'mod i'n mynd i orfod gwneud rhywbeth nawr, ac mae'r rhywbeth hynny'n golygu anghofio pob dim am yr haul a'r trawstiau a'r gusan na roddwyd achos nawr mae'n rhaid i mi daflu D a'i ffrind allan o'r parti. Fi, sy'n bum troedfedd ac un, a 'nghoesau fel brwyn, chwedl Mam-gu. Mae'n rhaid perfformio. Onid ydw i newydd fod yn aelod o gorws Penllanw, Theatr Felinfach? Galla i wneud hyn. Mae fy ngheg yn agor ac mae 'na rywbeth yn cael ei ddweud, rhyw fwled o linell o sgript dwi wrthi'n ei sgwennu yn fy mhen, ac mae gweddill y criw ysgol – y rhai sy'n gwybod dim am fy hanes i â D – yn methu credu 'mod i'n sefyll mor ewn, yn gweiddi'r llinellau 'ma ar D, boi caleta'r ardal. Ac mae rhywbeth yn y syndod ar eu hwynebau sy'n gwneud i mi ddechrau mwynhau fy hunan gan ymfalchïo yn y stribedi o enllibion sy'n dod allan o 'ngheg a tharo D ar ei dalcen nes ei fod yn gegrwth am eiliad, am nad ydw i erioed wedi gweiddi arno o'r blaen ac mae hi fel petai pelydrau'r lleuad lawn yn ein taro fel llifoleuadau ac mae pawb arall wedi cilio i ochrau'r llwyfan, a dyw criw'r ysgol ddim wedi gweld dim byd difyrrach erioed. A dw i ddim yn siŵr a ydw i'n gweiddi arno am iddo wneud yr hyn wnaeth e heno, neu'n gweiddi arno am iddo wneud y fath gawl potsh o bethau ychydig fisoedd yn ôl, a phallu derbyn na fydden i byth wedi cyffwrdd blaen fy mys yn J petai e wedi cyfaddef ei deimladau go iawn. A dyma fi nawr, wedi gorffen fy llith, yr hwn na fedra i gofio'r un gair ohono wedyn, ac yn taranu allan o'r stafell, fel maen nhw'n ei wneud yn y ffilms, gan deimlo bod y lleuad lawn 'na yn fy mhweru i, yn fy ngyrru tuag at y drws yn y pen pellaf. Ac yna rwy'n dod i stop. Rwy'n dod i stop achos mae D wedi bod yn ffidlan â'r drws ac mae'r fynedfa a oedd yn agor a chau yn hwylus, fel mae drysau stafelloedd i fod, yn hollol sownd. Ac mae fy ymdrech fawr i gerdded bant wrth D yn methu. Ac mae D jest yn syllu arna i. Mae e'n syllu, ac ar fin chwerthin, ond yn y gagendor rhyngon ni ein dau mae ein holl hanes yn tasgu fel chwd i beiriant golchi llestri, a gyda hynny mae'r lloer yn gadael y stafell ac mae'r llwyfan yn tywyllu. Ac mae'r gynulleidfa yn cael gymaint o sioc, maen nhw'n anghofio cymeradwyo.

Aiff D allan i'r ardd gefn, a dringo trwy'r gwyrddni-ar-y-graig-sy'n-gysgod i'r tŷ, achos mae'n well ganddo gerdded trwy'r gwrych na gorfod dringo yn ôl i lawr yr ysgol, fel y dywedodd *honna* – o bawb – wrtho am wneud. Achos mae cywilydd yn y ffaith iddo wneud hynny yn y lle cyntaf, pan fyddai hi'n arfer bod mor awyddus i agor y drws iddo. Ac wrth iddo basio heibio, heb fod yn siŵr iawn i ble mae e'n mynd yng nghysgodion cloddiau pobl eraill, mae 'na filoedd o greaduriaid bach yn syllu i fyny ar y sgidiau trwchus, ac yn eu gweld yn diflannu a'u camau mawr du. Ac ynghanol hyn i gyd mae'r gath wen a sinsir, sydd wedi drysu braidd, gyda'r holl sŵn a'r holl bobl, yn crynu mewn lle cysgodol ar dop yr ardd.

Dim ond newydd setlo 'ma mae hi, a hithau mor hoff o'r lle roedd hi'n byw ynddo cynt, allan yng nghefn gwlad, a nawr mae hi fan hyn, yn y dref 'ma, nad yw'n dref go iawn, ond eto mae 'na geir a phobl a sŵn. Ac mae hi'n gwylio D yn gadael ac yn dymuno iddo dynnu'r hen loer lachar 'na gydag e fel balŵn, achos does gan y gath ddim amynedd gweld pethe mor glir. Bydd hi fel arfer yn llochesu rhag y lleuad lawn, yn gynnes yn y lolfa, ond ni all wneud hynny heno, achos mae 'na olau a phobl ym mhob modfedd o hwnnw, ac mae hi'n haws iddi fod tu allan na thu fewn. Ond o rywle daw dwylo, ac mae hi'n cael ei chodi, i fyny i'r awyr, heb allu gweld pwy sy'n gafael amdani. Ac mae hi'n gwybod nad yw'r dwylo'n rhai daionus; mae hi'n gwynto'r seidr ar anadl ac yn gwybod na ddaw dim da o hyn.

A rhywbryd yn ddwfn, ddwfn i'r nos, pan fydd drws y stafell wely wedi agor a chau mwy o weithiau nag sy'n weddus, fe fydd y tŷ, i bob pwrpas, ar ei ben ei hun, yn gwarchod ei wahoddedigion. Mae'n gweld bod M a Ff, ill dau, wedi gadael y tŷ am gyfnodau yn ystod y nos, a hynny heb ymgynghori â'i gilydd, un i dafarn yr Hanner Lleuad a'r llall i Westy'r Cilgwyn, wedi'u dallu gan wynder yr enwau hynny. Ac wrth i'r tŷ sbecian arnyn nhw, mae'n gallu gweld M, yr ieuengaf, yn archebu diodydd yn llawn hyder ym mar cefn y Cilgwyn. Nid yw, fel ei chwaer a'i hwyneb ifanc, yn gorfod profi ei oed, oherwydd ers ychydig fisoedd bellach, cafodd e, gyda'i got hir ddu, ei wallt hir a'i wisg ddigyfnewid o grys-T plaen gwyn a thrywsus tywyll, ei gamgymryd gan y dafarnwraig am rywun llawer hŷn, a hynny'n bennaf am iddo ddod i mewn unwaith, ar noson aeafol, yn gwisgo'r got wedi ei botymu'n dynn, dynn, hyd at ei wddf, nes i rimyn y crys-T ymffurfio'n goler gron. Byth ers hynny mae'r dafarnwraig yn meddwl taw Cristion o argyhoeddiad yw, ac mae'r ddynes hon o Loegr sydd wedi prynu tafarn yng ngorllewin Cymru, wrth ei bodd yn dweud wrth ei chwsmeriaid bod dim angen poeni am y bobl ifanc yn y bar cefn am fod 'that young vicar' yn cadw llygad arnyn nhw, a'i fod yn cenhadu ymysg y pechaduriaid fel y gwnaeth yr Iesu.

Mewn gwirionedd, bachgen ysgol pedair ar ddeg oed ydyw, un fu bron â chael ei wahardd, yn ddiweddar iawn, am drefnu gemau 'hapchwarae' i griw o fechgyn blwyddyn wyth. Y peth yw, dyw e ddim yn gwybod beth mae'r athrawon dig yn ei feddwl wrth ddweud 'hapchwarae' drosodd a throsodd – tasen nhw jest yn defnyddio'r term 'gamblo' efallai y byddai ganddo obaith o ddeall ei drosedd.

Ond ni all y tŷ alw ar y ficer-ifanc-sy'n-hapchwarae i ddod yn ôl, gan taw tŷ yw e, allith e wneud dim ond sefyll yno a theimlo ei ymysgaroedd plaster yn ysgwyd, fesul llawr, a theimlo'r angerdd a'r ofn a'r meddwdod yn dirgrynu drwy bob modfedd ohono. Sut mae modd cael yr holl bobl 'ma allan, y bechgyn sy'n arllwys seidr rhad dros y llawr pren sgleiniog, a'r merched sy'n stympio eu ffags yn y carped?

"Dwi'n dŷ newydd sbon!" dywed wrtho'i hun, ond does neb yn hidio am ei newydd-deb. Llai fyth neb yn gwrando; nid y bobl, nid y nos, yn sicr nid y ddau sydd i fod yn gyfrifol amdano, lle bynnag mae'r naill na'r llall nawr, rhywle allan yn y dref fach hon yn archebu diod wrth y bar, yn edrych i gyfeiriad y tŷ fel petai ganddo ddim byd i'w wneud â nhw.

Mae'r gath wedi ei gorchuddio â minlliw. Edrychodd hi i fyny ar wyneb rhywun a ddywedodd wrthi ei bod hi'n mynd i fod yn bictiwr unwaith y byddai e wedi gorffen â hi. Dywedodd mai hi oedd y gath brydferthaf yr oedd wedi ei gweld erioed, ac mai hi oedd perchennog y gwesty 'ma nawr. Ac os na ddeuai'r perchnogion yn ôl byddai hynny'n olreit, dim ond bach o golur oedd angen arni er mwyn gallu rhedeg y lle ar ei phen ei hun. Ac roedd i'r minlliw sawr hen ganhwyllau ac fe benderfynodd y gath y byddai'n haws iddi dderbyn na gwrthod; achos roedd llygaid y boi 'ma gefnforoedd i ffwrdd, ac yn y sefyllfa ryfedd hon, waeth i gath fod yn berchennog ar westy ddim.

Fe ddown i sylweddoli, fi a M, fod 'na adegau pan nad oedd y naill na'r llall ohonon ni yn goruchwylio. I ddweud y gwir, y canŵ-wyr o ddwyrain Lloegr fu'n awdurdodi dros y lle, yn ôl y sôn, yn defnyddio cownter y gegin fel bar coctêl, yn cynnig cymysgu rhyw greadigaethau nad ydyn nhw wedi cyrraedd Llandysul eto (ac na fyddan nhw fyth). Dyna pryd rydyn ni wir yn dechrau colli amynedd gyda'r rhai sydd ar ôl. Gwehilion Llandysul; nad ydyn nhw'n gwybod pryd i fynd gartre; a physgod mympwyol yr Afon Teifi ar ffurf dynion tri deg oed o ddwyrain Lloegr a ddylai wybod yn well. 'Please leave,' dwedwn wrth y naill. 'Cliriwch, y diawled!' wrth y lleill. A nawr mae rhywbeth mor amheuthun â phartïo wedi troi yn rhywbeth mor elfennol â chlirio a dyna lle ydyn ni; blantos meddw a oedd yn mwynhau ein hunain eiliadau'n ôl, yn gweld bod 'na bris ar ein mwynhad, a rhaid gafael mewn bwcedi a sbwnjys a chlwtyn-yr-un, ac mae J a C yn dod i lawr o'r stafell wely ac mae 'na olwg boeth, od, ar y ddau. Ac rwy'n troi fy holl sylw at C, fel nad ydw i'n gweld R, tu ôl i mi, y mwlsyn dwl, yn cydio mewn bag bin du ac yn dechrau ysgubo popeth i mewn iddo yn ei feddwdod, nid dim ond sbwriel, ond pethau bob dydd, pethau sy'n ddefnyddiol ac y bydd angen eu rhoi 'nôl yn eu lle pan fydd hyn i gyd ar ben. Ac mae R yn clymu top y bag yn dynn, dynn ac yn ei daflu allan i'r nos ac yna, duw â ŵyr i ble mae'r bag hwnnw yn mynd. Mae e'n mynd lle bynnag mae atgofion am barti fel hwn yn mynd, i'r dudew yng nghefn ein meddyliau, lle mae pethau'n cael eu hamlygu o hyd ond nid o reidrwydd mewn ffyrdd defnyddiol. Ac yng nghefn ein meddyliau, fel tu allan i'n drysau ffrynt, mae 'na ddyn sbwriel yn dod i gasglu'r bagiau yn ddefodol bob nos Sul, er mwyn i ni allu anghofio am yr annibendod – y gair rydyn ni i gyd yn ei gamsillafu, yn ôl J, sy'n mynnu taw 'anti-bendod' yw'r gair cywir.

Ond yn anffodus nid oes anti-dote i'r dibendod hwn, gan nad yw dyn-y-biniau yn gwybod bod rhywbeth yn dod i ben cyn ei amser yn y bag-bin-du.

A'r bore wedyn. Distawrwydd o gwmpas y bwrdd bwyd. Pawb eisiau fi a M eu bwydo nhw ond dydyn ni ddim mewn hwyliau porthi'r pum mil, mae croen ein tinau ar ein talcen, felly ry'n ni'n taflu torth i ganol y bwrdd a rhywfaint o fenyn a jam, gan wybod bod yn rhaid i ni fwydo'r gweithwyr doed a ddêl er mai ychydig o oriau sy'n weddill nawr. Rydyn ni'n agor y ffenestri led y pen, er ei bod hi'n ganol gaeaf, ac mae'r lliprynnod o gwmpas y bwrdd jest yn eistedd yno'n rhynnu ac mae'r hwfer yn mynd, yn trio sugno'r noson i mewn i fag llwch, ac mae natur i gyd yn hyrddio mewn trwy'r ffenest, ac mae'r aer oer, llawn edifeirwch o lannau'r Teifi yn llifo drosom bob un, ac yn ceisio ein golchi ni'n lân o'n pechodau.

Ac yna, mae dyn yn dod i lawr y grisiau ac yn camu i'r stafell. Yn eistedd. Yn helpu ei hun i'r bara sydd wedi ei osod blith draphlith ar y bwrdd, ei ymddygiad mor hunanfeddiannol, nes hawlio lle iddo'i hun yn y stafell hon, yn ei hwdi du a'i jîns, nes bod pawb yn cymryd bod rhywun yn ei nabod. Mor sicr ydyn ni o'r ffaith hon nes ein bod yn dechrau sgwrsio ag e, fel pe bai hyn yn beth hollol normal, fel pe bai modd trawsblannu'r dieithryn yma i'n cegin, fel petaen ni'n gallu deffro unrhyw fore a'i ganfod e yma, yn un o roddion Afon Teifi.

A dim nes iddo adael, a chau'r noson yn glep tu ôl iddo, ei gamau yn sicr ar y ffordd 'nôl i'w faes pebyll ger yr afon, dim tan hynny ydyn ni i gyd yn troi at ein gilydd ac yn holi, "Pwy yffach o'dd e?"

Mae pethau'n mynd o ddrwg i waeth wedi hynny. Cloch drws y ffrynt yn canu. Rwy'n rhuthro i lawr ato, yn meddwl taw R sydd yno, ar ôl i mi ei anfon i Londis ar neges i brynu mwy o hylif glanhau, ond na, Mam-gu Dre sydd yno. Mam-gu a'i *henchmen*, ar ffurf dau aelod arall o'r teulu sydd wedi ei hebrwng yma, ac maen nhw wedi eu gosod fel 'na hefyd, fel pe bai cyfarwyddwr tu ôl i mi sy'n cydlynu'r cyfan, i gael y siot berffaith o gefn fy ngwallt melyn anystywallt, ac yna o Mam-gu, a'i brychni a'i gwallt gwyn-pin-mewn-papur, yn sefyll fel Mafiosa rhwng y ddau warchodwr, reit ynghanol y ffrâm.

"Ni'n ca'l dod miwn, 'te, neu beth?" gofynna hi. A rwy'n gweld R, yr ochr arall i'r stryd, yn dal dwy botelaid o hylif glanhau ac mae e'n sylweddoli beth sy'n digwydd ac mae e fel pe bawn i wedi ei dorri'n rhydd, torri drwy'r llinyn bogail sy'n cysylltu dau ar ôl trychineb, yn caniatáu iddo droi ar ei sawdl a mynd 'nôl i'w dŷ ei hun i gysgu am weddill y dydd. Y diawl bach yn cael hwylio i lawr Stryd y Gwynt ar ddŵr gwyn ei *hangover*, y ddwy botel o hylif glanhau fel rhwyfau yn ei dywys oddi yno.

A 'nôl at Mam-gu, nad yw'n ddieithryn i hylif glanhau, a dweud y gwir, mae e wedi bod yn ffrind mynwesol iddi yn ystod yr ugain mlynedd a mwy mae hi wedi bod yn gwasanaethu pobl yn eu cartrefi fel dynes lanhau, ac yn Ysbyty Glangwili cyn hynny. Hi sydd wedi cael mynediad i rai o fannau mwyaf cyfrinachol pobl ar hyd ei hoes; a fedra i ddim peidio â rhyfeddu at ei gallu i synhwyro annibendod, yr hyn sydd wedi dod â hi rhyw ugain milltir o'i chartref at y drws hwn, er na allai hi wybod am eiliad i barti ddigwydd yma neithiwr.

Pan o'n i yn yr ysbyty'n blentyn, roedd yn bleser gweld fy mam-gu, yn ei hoferôls marŵn, wrth fy ngwely bron bob dydd. Roedd y plantos eraill ar y ward, y rhai yr oedd eu mam-gus a'u tad-cus yn gorfod gwneud siwrneiau hir, trafferthus i'w gweld, yn rhyfeddu mor gyfleus oedd y cyfan.

A nawr, wrth ei dilyn hi rownd y tŷ, a gweld ei llygaid barcud yn sbecian i bob man, yn sylwi ar y *splashback* seidr ar y sgirtin, neu bacedi gwag o Benson & Hedges fel bariau aur ar hyd y lle, rwy'n rhyfeddu mor bell rydyn ni wedi teithio o'r fan honno, y ward lle oeddwn i a 'nghoesau mewn tracsiwn a Mam-gu â'i mop rownd y gwely, yn ceisio golchi'r holl ofid i ffwrdd, ac yn rhoi clatsen â'i dwster i ymwelwyr rownd y gwely a oedd yn mynnu gofyn a ddelen i fyth i gerdded? Roedd yna ddygnwch yn perthyn iddi bryd hynny i bolisio pob dim a rhoi rhyw ddisgleirdeb iddo, fel tasai hi'n gwybod: "Nid yn unig bydd hi'n cerdded, bois bach, ond un diwrnod, bydd hi'n ddigon abl-o-gorff i dynnu holl jacyracs Llandysul i dŷ newydd sbon a'i strywo fe mewn un nosweth."

Wedi i Mam-gu a'i *henchmen* adael, taenaf fy oferols marŵn dychmygol amdana i, gan sgrwbo fel dynes lanhau ysbyty o'r wythdegau. Mae M yn llenwi llosgiadau sigarét yn y carped drwy dynnu dafnau o fflwff a'u gosod yn ddestlus yn y bylchau, fel cwblhau jig-so. Am ennyd, mae'r adferiad i weld yn bosib. Ond dyw'r drws i stafell yr ardd, lle bues i'n gweiddi ar D, ddim yn agor yn iawn o hyd a dyw'r llawr pren ddim mor sgleiniog ag yr oedd. Ac am ryw reswm mae rhywun wedi gosod bwlb lliw gwyrdd yn fy stafell wely a bob tro rwy'n mynd mewn ac yn troi'r golau ymlaen mae fel petai rhyw lwydni dros bopeth. Mae pelydrau lledrithiol y lleuad wedi mynd a does 'na ddim harddwch, na hwyl, na dim byd. Dwi'n methu cofio a wnes i fwynhau fy hun hyd yn oed. Ond fe wnaeth pawb arall. A yw hynny'n gwneud y parti yn werth chweil, os na gawsoch chi hwyl eich hun, dim ond gofid a hasl ac yffach o gerydd i ddod?

Ac rydyn ni'n gwneud un *check* bach olaf, gan wybod bod Dad erbyn hyn ar ei ffordd yn ôl. Mae wedi gollwng Mam yn Heathrow yn y bore bach, ac mae hi wedi hedfan i ffwrdd oddi wrth y cyfan; bellach yn arogli persawrau maes awyr Schiphol heb syniad o'r drewdod yn ei chartref.

Ac mae popeth i'w weld yn weddol bach; fyddai'r gwaith glanhau ddim yn ennill unrhyw wobrau ond dyna ni, mae e'n well na dim. Mae'r rhan fwyaf o bethau yn dal mewn un pishyn ac fe weithiodd cynllun mawr M o roi'r gweithiau celf i gyd mewn un man. Ac mae'r gath wedi dychwelyd, diolch byth, ar ôl bod ar grwydr drwy'r dydd, ac mae'n bwyta ei swper yn awchus gyda staen binc anesboniadwy ar ei gwefus.

Ond mae'r cerydd yn teithio tuag aton ni tua phum deg milltir yr awr, dros y bryn allan o Bencader, a lawr am Bont-Tyweli.

Achos er gwaethaf ein hymdrechion, allwn ni ddim cuddio'r ffaith fod y ffôn wedi diflannu oddi ar wyneb y ddaear.

Ac wedi'r gweiddi a'r stŵr a'r ymddiheuro mewn sachliain a lludw dan olau gwyrdd, yn hytrach na dweud ein bod ni ddim yn gwybod ble mae'r ffôn, mae M yn penderfynu creu stori, i O, ei ffrind fynd â'r ffôn i'w gadw'n saff. Roedden ni'n ofni, medden ni, y byddai'r gwesteion yn ei ddefnyddio i ffonio tacsis, neu'n waeth byth, y bydden nhw'n ffonio llinellau rhyw a'n gadael ni i dalu'r bil ffôn enfawr. Ac er nad yw Dad yn llyncu'r stori am eiliad, mae e'n barod i roi pedair awr ar hugain arall i ni gonsurio'r ffôn 'nôl i fodolaeth. Mae M yn addo cael y ffôn oddi wrth O ar y cynnig cyntaf. Fe fydd yn dod ag e i'r ysgol fory, mae M yn addo. Ond wrth gwrs dyw O ddim yn gwybod dim byd am hyn. Mae e'n cysgu'n ddiarwybod yn ei wely, heb wybod ei fod wedi ei lusgo i mewn i naratif ddychmygol am ffôn sydd ar goll. A doedd e ddim hyd yn oed yn y parti.

Ac felly y diwrnod wedyn, y diwrnod rydyn ni'n taeru ein bod yn mynd i gael y ffôn yn ôl, rwy'n cerdded mewn llesmair ar hyd coridorau'r ysgol, gyda dim ond un peth ar fy meddwl. Y ffôn. A rwy'n cofio bod arno fotwm sy'n goleuo'n goch – Mercury button – a dwi'n gwybod na fydd ffôn arferol yn gwneud y tro. Mae gen i gwta saith awr i ddatrys y broblem. A dwi ddim yn cofio a wnes i ofyn caniatâd, neu a wnes i jest hwylio allan drwy gatiau'r ysgol, megis sombi (achos doeddwn i ddim wedi cysgu'n iawn neithiwr, wedi bod yn llefen trwy'r nos dan y golau gwyrdd mewn swp o ofid am y ffôn-di-droi'n-ôl). A ganol nos, fe wnaeth rywbeth atgyfodi yn fy nghof, golygfa arswydus am R yn sgubo'r holl bethau oedd ar y bwrdd i'r bin. Gan gynnwys y ffôn.

Rwy'n ffonio Eifion's Tacsis, cwmni o Gastellnewydd Emlyn, neu *Castellnewi* fel ni'n ei alw. Ef ei hun sy'n dod i fy nghasglu, fel y gwnaeth droeon ar nosweithiau mas, ond dyma'r tro cyntaf i mi ddod ar ei ofyn yng ngolau ddydd. Rwy'n mynd i'r banc yn Llandysul gyntaf i dynnu arian mas dros y cownter, am nad oes *cashpoint* yn Llandysul eto.

Faint fydd e'n gostio i mi gael fy ngyrru rownd Castellnewydd Emlyn yn chwilio am ffôn? Sdim clem 'da fi. Dwi'n gwylio'r papurau deg punt yn pentyrru ar ben ei gilydd, un ar ôl y llall, yn crynu fel troseddwr sy'n gwagio'r banc er mwyn dechrau ar fywyd newydd, a rwy'n gwybod taw fy nghyfrif coleg i yw hwn, yr un rwy wedi bod yn araf wario'r arian ar sigaréts, a nosweithiau allan, a thopiau o Top Shop nad ydyn nhw'n fy siwtio pe bawn i'n gwbl onest gyda fi fy hun, rhywbeth dwi ddim wedi dysgu sut i'w wneud eto. A nawr rwy'n gwastraffu mwy eto er mwyn trio dadwneud noson nad oedd angen i mi ei chynnal yn y lle cyntaf, ac wrth i'r papurau lanio rwy'n dychmygu pawb yn y ciw tu ôl i mi'n ceisio dyfalu beth sydd mlaen 'da fi, a pham nad ydw i yn yr ysgol; ac mae e fel petai'r tawelwch mwyaf yn lledu dros y banc i gyd a dwi'n dychmygu eu bod nhw'n gallu gweld reit i fy ymennydd, at y gwythiennau sy'n gwlwm o wifrau ffôn.

Dwi ddim yn gwybod beth mae E â'i fwstás a'i sbectol dywyll yn meddwl am hyn i gyd. Rydyn ni'n gwibio lawr yr hewl drwy Bentrecagal, heibio'r garej, heibio Casa Nostra, y caffi sy'n gwneud y bwyd gorau yn y byd lle ces i a M y stŵr mwyaf erioed am fod yn blant drwg ofnadwy, wythnos wedi i ddynes mewn bwyty arall ddweud wrth fy rhieni, "Your children are so well behaved!", heibio i'r garej nesaf ar gyrion y dref lle roedd Dad yn arfer gadael i ni brynu *microwave burgers* i de pan fydden ni'n mynd 'nôl i'w swyddfa yn Antur Teifi ar ôl ysgol, ac i mewn i'r dref sy'n dal fy nghyfrinachau i gyd mewn cilfachau a drysau siopau, atgofion o dywyllwch gwaeth na'r un rwy newydd ei adael ar fy ôl yn Llandysul. Os taw Llandysul yw'r dref olau leuad, yna CNE yw tre'r niwl. Tref i ferch yn ei harddegau fynd i chwilio am ffôn gyda gyrrwr tacsi.

Mae E yn dod i mewn i'r siop gyda fi. Mae e wedi troi'n rhyw fath o *handler*, ac mae e'n esbonio, "Ma merch ifanc 'da fi fan hyn yn whilo am ffôn," a dim ond un siop yn CNE sy'n mynd i allu cyflawni gorchwyl fel hyn, sef siop John Letric, a rwy'n gweddïo nad yw'r gweithwyr yn gwybod i bwy rwy'n perthyn. Maen nhw'n ystyried y cais yn gwbwl ddifrifol. Does neb yn holi pam bod merch yn ei harddegau a'r gyrrwr tacsi adnabyddus yn mynd rownd dre yn chwilio am ffôn pan ddylai hi fod mewn dosbarth lefel A. Ac mae pob un ffôn wen maen nhw'n eu gosod fel offrwm o 'mlaen yn edrych yn iawn, yn edrych fel 'gwneith y tro' ond dyw'r botwm bach *Mercury* 'na a oedd yn nodweddu'r ffôn colledig ddim arnyn nhw, y botwm nad oeddwn i erioed wedi deall ei bwrpas, a oedd yn gwneud i mi feddwl y gallwn gyfathrebu â'r blaned Mercher. Mewn gwirionedd, roedd yn rhywbeth i'w wneud â

Mercury Communications yn trio cystadlu â British Telecom trwy gynnig un botwm gwyrthiol a allai storio rhif cyfan, ond yn Castellnewi does neb wedi clywed am Mercury Communications nac yn credu bod cyfathrebu gyda rhywun yn gallu bod mor hawdd â gwasgu un botwm – "BT yw'r boi!" medd un o'r gweithwyr wrtha i – ond rwy'n gwybod heb y botwm hwnnw y bydd Dad yn gwybod nad ein ffôn ni yw e ac mae ar ben arna i cyn dechrau. Does dim ffordd o unioni'r chwalfa, yn fwy nag y llwyddon ni i guddio olion y parti wrth Fam-gu sydd fel *sniffer dog* o siarp.

Ac yn ôl â fi, i'r tacsi, yn ôl â ni i Landysul, heb ffôn, a minnau wedi gwario fy mhapurau arian i gyd jest ar sbin rownd Castellnewi.

A dyna lle y bu'r gwagle, wedyn, am rai misoedd, y man gwag, brown, cyhuddgar, lle bu'r ffôn gwyn a'i fotwm coch yn fflachio. Yn atgof cyson o'r noson sy'n gwrthod diflannu. Y noson pan aeth ein synnwyr ni'n dau ymaith gyda'r sêr, pan oedd y dref gysglyd hon yn sydyn yn fan lle roedd popeth a phawb yn effro, lle y gallai ffordd o fyw ddiflannu drwy'r ffenest. Yn fan lle gallai'r afon daflu haid o ganŵ-wyr fel pysgod i'n plith. Lle gallai ffôn godi a cherdded allan drwy'r drws, lle gallai'r drws hwnnw stopio gweithio, a lle gallai cath wisgo minlliw.

Ddaeth 'run noson fel honno erioed i'n rhan wedyn, i mi na M. Ond bob tro bydd 'na leuad lawn yn llenwi'r aer ac yn bwrw ei chysgod arian dros y cymylau ac yn gwneud i bopeth edrych yn wahanol, fe fydd M a finnau, bellach yn gyfrifol am ein tai ein hunain, dros ddeugain o filltiroedd i ffwrdd wrth ein gilydd, yn dal i gofio, ac yn ceisio cau'r llenni ar ein dwli ni ein hunain.

Ac fe fydd y lloer yn cofio hefyd; bob tro y bydd hi'n tywynnu y pelydrau sy'n halio'r canŵ-wyr i fyny'r afon. Ac wrth edrych yn ehangach, ymhell o'r dref hon, fe fydd hi'n gweld cannoedd o bartïon mewn cannoedd o bentrefi ar lan afonydd eraill ar ochr nosluniol y byd, ac fe fydd hi'n brolio sut bod modd iddi hi, yn ei gwynder, a'i pherffeithrwydd, fod yn westai distaw ym mhob un, heb orfod bod yn gyfrifol am ddim byd, dim ond rhyw simsanu i ffwrdd drwy'r coed pan fydd y cyfan ar ben, yr atgofion llachar yn ddiogel yn ei chrombil, yn rhywbeth i alw arnyn nhw yn ei horiau tywyllaf.

6

Lleuad Amgrwm yn Cilio

BRON CYN GYNTED ag iddi roi ei hun i ni ar blât, neu fel plât, un mawr tsieina, perffaith, yn llawn addewid, yn sgleinio dan olau'r bwffe, mae hi'n penderfynu cilio unwaith yn rhagor. A hynny mewn ffyrdd annisgwyl, anniben. Mae'n amrywio ei phatrwm, yn chwarae mig â ni, ac nid yw, fel y lleuad lawn yn codi wrth i'r haul fachlud fel petai'n ymgymryd mewn rhyw ras gyfnewid yn yr awyr. Yn hytrach mae'n cymryd ei hamser. "Fe ddof i pan wy'n barod, thenciw fowr," meddai hi. Mae'n ymddangos fel rhyw rith yn hwyrach y noson honno, fel gwobr i'r rheiny sy'n dal ar eu traed, neu weithiau mae i'w gweld yn hytrach am wyth y bore er mwyn i'r plant bach ryfeddu ati'n hongian yno yn yr awyr wrth iddyn nhw gerdded i'r ysgol. "Dyw hi heb fynd i'w gwely!" medden nhw, yn llawn rhyfeddod – y plant hynny sy'n cael eu gorfodi i'r cae sgwâr am saith bob nos am fod y llyfrau i gyd yn dweud y daw niwed dirfodol iddyn nhw os na fyddan nhw'n cysgu am ddeuddeg awr bob nos, yn ystod yr union oriau pan mae'r ffurfafen yn effro, yn llawn rhyfeddodau.

Ac mae'r lleuad yma, yr un sy'n cilio, yn gwybod hynny, yn gwybod nad yw hi'n iawn i amddifadu pobl o'i phresenoldeb yn llwyr, o'r pleser syml o gael ei gweld drostyn nhw'u hunain. Ond mae'n rhaid bod yn ddoeth ynglŷn â'r union ffordd o wneud hynny. Wedi'r cwbl, fe geisiodd ddangos ei hun iddyn nhw unwaith ar noson tân gwyllt yn y parc, ond sylwodd neb arni, er iddi sefyllian yno ochr yn ochr â'r tân gwyllt, fel rhywun sy'n nabod neb mewn parti, nes i'r plant ddechrau gweiddi arni i wneud rhywbeth, i newid ei lliw yn neon pinc neu ffrwydro'n wreichion mân. "Mae'r lleuad yn rhan o'r act," gwaeddodd yr oedolion, "mae hi'n mynd i ddechrau troelli yn y funud – olwyn Catrin heb ei hail!"

Wneiff hi mo'r camgymeriad hwnnw eto. Dyw'r lloer ddim yn eilbeth i neb.

Melancholia

A R DACHWEDD 11, 2019, pan oedd Prydain Fawr yn cynnal dwy funud o dawelwch i gofio'r rhai fu farw mewn rhyfeloedd, roedd y blaned Mercher yn hwylio ar draws yr haul. Fe gymrodd hi rhyw bum awr i gyd iddi wneud hynny, ac yn ôl un gwyddonydd ar sioe newyddion Americanaidd, roedd yr uned hon o amser yn rhywbeth y dylid ei hystyried fel cyfle i wneud y pethau rydych chi wedi bod yn eu hosgoi, fel ateb llythyron, tsiecio e-byst, ad-drefnu drôr dillad isaf, prynu ffrog briodas hyd yn oed. Os oedd Mercher yn gallu pasio ar draws wyneb yr haul, yna doedd dim esgus gan fodau dynol i beidio â chyflawni rhyw orchwyl fach hefyd.

Roeddwn i ym mhwll nofio Tre Ioan, Caerfyrddin y bore hwnnw. Awr mewn diwrnod oedd yr unig uned o amser oedd gen i bryd hynny i drio gwneud rhywbeth drosta i fy hun, nad oedd yn waith nac yn ofal plant. Roeddwn i, fel y blaned Mercher, yn hwylio i fyny ac i lawr, yn orymwybodol bod fy amser prin yn tician i ffwrdd, yn mesur fy symudiadau mewn munudau, wyth munud am ddau-gant-pum-deg-metr, un deg-chwech-munud am bum can metr: "hanner awr eto ac fe fyddi di yn y gawod, mewn llai nag awr fe fyddi di 'nôl wrth dy ddesg!" Fy mywyd yn diferu i ffwrdd, ledled y pwll.

Ges i rybudd gan yr achubwr bywyd y byddai'n rhaid i bawb stopio nofio am un ar ddeg er mwyn ildio i dawelwch, ac fe'm taflwyd oddi ar fy echel. Doedd dwy funud o dawelwch ddim yn gyfleus i ferch a oedd yn gorfod mesur ei hamser fesul tudalennau a golygfeydd a gweithgareddau plant, ac felly dyma fynd ati i drio dyblu nifer yr hydoedd-ar-hyd-y-pwll cyn un ar ddeg. Roedd pawb arall wedi mynd i'w safleoedd mewn da bryd; wedi caniatáu munud neu ddwy ychwanegol i'w hunain i gael eu gwynt atyn nhw – hwythau yn rhodwyr y munudau rhydd, braf eu byd! Felly fi oedd yr unig un i ganfod fy hun reit ynghanol y pwll am un ar ddeg, yn gorfod stopio doed a ddelo, gyda rhes o oedolion ar un ochr a rhes o blant ar y llall, a finnau, heb unman i sadio 'nhraed, yn ceisio bod yn hollol stond a chadw fy hun yn fyw. Gan esgus wedyn mai dyna'n union oedd fy mwriad – sef cyrraedd canol y pwll am un ar ddeg, fel petai i bwysleisio anrhefn fy munud anghyflawn.

Ydych chi erioed wedi ceisio troedio'r dŵr mewn distawrwydd? O flaen cynulleidfa? Mae 'na ffyrdd gwell o dreulio dwy funud.

Ac wedi i mi laru ar fy mherfformiad chwerthinllyd, doedd dim amdani ond rhoi'r gorau iddi, gorwedd yn ôl ar y dŵr, ac arnofio ar fy nghywilydd fel seren fôr.

Yn y distawrwydd hwnnw, yn hytrach na meddylu am ryfeloedd y gorffennol, fe drodd fy meddwl at y digwyddiad dyrchafedig uwch ein pennau ni y diwrnod hwnnw. Mercher yn pasio dros wyneb yr haul. Ar wastad fy nghefn, yn edrych ar y to alwminiwm, anysbrydoledig hwn, meddyliais mor rhyfedd oedd y cyfan, fy mod i lle'r oeddwn i, tu fewn i adeilad a oedd yn rhyw wawd-o-fôr, yn rhyw esgus-clorin o rywbeth naturiol. Pendronais dros y pethau rhyfedd rydyn ni fodau dynol yn eu wneud yn gyffredinol. Y modd rydyn ni'n mynd o gwmpas ein pethau, yn mynd i'r gwaith, gyrru ein ceir, stopio wrth oleuadau traffig, nofio amser cinio, nôl ein plant o'r ysgol a chadw ein llygaid yn wastadol ar y lefel-ddaearol, syth-o'n blaenau, yn aml heb edrych i fyny o gwbl, yn sicr heb ystyried y pethau gwyrthiol fel planedau sy'n pasio uwch ein pennau. Beth am ddwy funud i feddwl am y ffaith fod Mercher yn teithio drwy'r gofod? Roeddwn ar dân eisiau gweiddi hynny ond wnes i ddim, am fod hon yn funud o dawelwch. "Mae Mercher yn hwylio dros wyneb yr haul!" – dywedodd y ferch ewn yn fy meddwl, yr un nad oedd wedi ei chywilyddio o gael ei dal ynghanol y pwll fel hyn. "Fydd y blaned Mercher ddim yn gwneud hyn eto tan 2032! A fydd dim modd ei gweld hi'n iawn o ynysoedd Prydain tan 2049!"

Ac mewn ennyd, yr ennyd ryfedd honno o arnofio mewn tawelwch rhwng oedolion a phlant ysgol, roedd y pwll a'i system, a oedd unwaith yn gwneud synnwyr perffaith i mi, i'w weld yn gwbl ddiethr. Oherwydd dyma'r tro cyntaf i ni gael ein gorfodi i gydoedi, yn lle nofio yn erbyn amser. Pam fuon ni'n nofio ar wib fel petai'n bywydau'n ddibynnol ar hynny, mewn sgwaryn hirsgwar tu fewn i focs, mewn lonydd araf, canolig a chyflym, tra bod llynnoedd a moroedd niferus o'n cwmpas ym mhob man, yn diferu'n ddirwystr?

Ond ni chlywodd neb y ferch feiddgar yn gweiddi, achos doedd gen i mo'i dewrder hi ac roedden nhw'n edrych yn ddigon od arna i beth bynnag, y seren fôr, ar wastad ei chefn, tra bod pawb arall ar eu traed, yn unionsyth, ddifrifol.

Fe blymiais i lawr am ychydig. Mynd o'r golwg. Fel Mercher yn mynd ar ei hynt. Gwelais gyrff wedi eu torri yn eu hanner. Hanner darlun dyfrllyd o'r byd yma rydyn ni wedi ei adeiladu. Y cyrff sy'n ymdawelu a llonyddu am fod achubwr bywyd mewn sbecs yn dweud wrthym am wneud hynny. Dychwelyd i'n desgiau cyn i'n gwalltiau sychu'n iawn. Oedi wrth oleuadau traffig. Ad-drefnu'r drôr nics am mai dyna ddywedodd y dyn ar y teledu.

Erbyn i mi ddychwelyd i'r wyneb roedd y funud wedi pasio. Y tawelwch wedi ei lygru gan besychu, anadlu dwfn, dŵr yn tasgu; ein cyrff unwaith eto'n hyrddio ymlaen, fesul lôn, i ddyfroedd bas ein bywydau. Ac er mor absŵrd oedd hyn i gyd dwy funud yn ôl, yn awr roedd yn gwneud synnwyr i nofio 'nôl ac ymlaen mewn pwll yn llawn cemegau o fewn yr awr ginio. Ac mae'n ymddangos yn drosedd, nawr, na wnes i feddwl am y rhyfelwyr, ond yn hytrach am blaned, yn enwedig os oedd rhai o ddisgynyddion y rhyfelwyr yn y pwll hwnnw. Ac eto, dim ond fi sy'n gwybod i mi fod yn meddwl am y blaned Mercher, ac nid am y rhyfelwyr. Achos rydyn ni i gyd ynghudd oddi wrth ein gilydd mewn gwirionedd. I gyd yn suddo o'r golwg i ryw raddau, hyd yn oed pan ydyn ni'n hollbresennol.

Ac wrth fy nesg wedyn, fy ngwallt yn dal yn wlyb, fe es i ati i chwilio am fideo o'r blaned Mercher yn hwylio dros yr haul. Gan weld mor fychan ydoedd, o'i chymharu â'r haul, ond mor ymddangosiadol agos hefyd. Roedd rhywbeth cynllwyngar, cyfrwys, yn y ffordd roedd hi'n symud, fel pe bai ar fin gwrthdaro â'r haul, yn lle pasio heibio'n ddi-hid. Beth fyddai wedi digwydd i mi, ac i'r nofwyr eraill yn y pwll, pe bai wedi ein taro yn y foment honno o dawelwch?

Cefais fy atgoffa y diwrnod hwnnw o *Melancholia*, ffilm Lars Von Trier, y gwneuthurwr ffilm o Ddenmarc. Mae'r ffilm honno'n dechrau gydag exo-blaned ffuglennol o du allan i Gysawd yr Haul yn symud yn araf a bwriadus at y ddaear. Yn barod i daro. Mae'r diwedd ar ddod. A hynny i gyfeiliant preliwd Wagner o'i opera *Tristan und Isolde*, un o'r darnau mwyaf prydferth, dinistriol, gorchestol ei naws sy'n bodoli.

Mae'r gerddoriaeth hardd yn eich hannog i barhau i wylio wrth i'r drychineb ddigwydd. Ac er bod ganddoch chi ryw syniad o'r hyn sydd ar droed, allwch chi ddim edrych i ffwrdd pan mae Kirsten Dunst fel Justine yn codi ei llygaid marwaidd atoch wrth i adar syrthio'n farw o'r awyr y tu cefn iddi, neu wrth i Charlotte Gainsbourg yn rhan Claire redeg i ffwrdd â'i mab yn ei breichiau, a'i cheg wedi ei rhewi'n sgrech erchyll. Neu pan welwn fod yr hyn rydyn ni wedi ei gamgymryd am y lloer mewn gwirionedd yn blaned sy'n llawer mwy na'r ddaear, un sydd nid yn unig yn mynd i'w tharo, ond ei thraflyncu'n llwyr gyda'i hanferthedd.

Yr apocalyps prydferthaf a fu. Llawer prydferthach na phetai'r blaned Mercher yn bwrw Canolfan Hamdden Tre Ioan; a chywasgu'r nofwyr i dun o sardîns.

Ers yn ifanc iawn, fe brofais weledigaethau apocalyptaidd o bob math. Gorweddwn yn fy ngwely rhwng cwsg ac effro yn dychmygu'r fflamau'n lledu dros Benrhiw-llan, yn ei losgi'n gyrbibion, a llyncu ein tŷ bach ni, Cartrefle, yn eu genau poeth. Dychmygwn y gallai tonnau powld traeth Penbryn ymgasglu'n *tsunami* a golchi 'nheulu ymaith, ein cario i gyfandir arall. Hyd yn oed yn oedolyn, doeddwn i ddim yn ymddiried yn hollol mewn unrhyw arwyneb, i ddweud y gwir. Fe allai pont Menai ddymchwel wrth i mi ei chroesi. Fe allai rhaff y *zipwire* yn Oakwood dorri tra oeddwn i yn yr awyr. Fwy nag unwaith dychmygwn y gallai'r llawr o dan y bath wegian, ac y gallwn lanio'n swp llithrig, gwaedlyd o swigod ac acrylig yng nghinio dydd Sul y tenantiaid islaw.

Ond eto, er i mi deimlo 'mod i'n gwybod y pethau hynny i sicrwydd, ni fyddai hynny yn fy rhwystro rhag gwneud dim byd, chwaith. Fe awn yn bowld i fy apocalyps bach fy hun: i gwsg, i'r tonnau, i'r bath, dim ond i siomi, bron, na ddigwyddodd dim byd wedi'r cwbl. Mai cyffredin a rhagweladwy iawn yw'r byd.

Poeni am natur anrhagweladwy pethau mae Claire yn y ffilm *Melancholia*. Er bod ei gŵr John yn mynnu bod y dystiolaeth wyddonol yn dangos na fyddai yr exo-blaned Melancholia yn gwneud unrhyw ddifrod, ac mai hwylio heibio ein daear a fyddai hi, mae Claire yn grediniol o'r dechrau y bydd yn taro'r ddaear a lladd pob dim, gan gynnwys hi a'i mab. Er mwyn ei chysuro, mae John yn creu teclyn cylchog o wifren fetel i'w fab fel y gall fesur hyd a lled Melancholia yn yr awyr. Os yw hi'n lleihau o fewn y cylch metel, bydd yn arwydd ei bod yn symud i ffwrdd. Os bydd yn tyfu tu hwnt i ffiniau'r cylch metel, yna bydd yn brawf ei bod yn nesáu.

Weithiau, fe fydda i hefyd yn sefyll ar y rhiniog yn chwilio'n ddyfal, am ddyfodiad rhywbeth o'r awyr, yn chwyrlïo tuag ata i. Achos mewn theori, fe allai rhywbeth fynd o'i le yng Nghysawd yr Haul ar unrhyw adeg. Onid oes 'na *asteroids* yn pasio heibio'r ddaear o hyd, y mae gwyddonwyr yn brolio nad ydyn nhw'n poeni amdanyn nhw'n ormodol; rhai a allai, petaen nhw'n ein taro, fod yn ddigon i greu gaeaf niwclear, i ddinistrio popeth o fewn cannoedd o filltiroedd i'r gwrthdrawiad, a chynnau tanau dros gyfandiroedd cyfan?

Roedd 'na adeg lle gallwn fod wedi profi apocalyps; yn yr ystyr y gallai fy myd fod wedi crwydro ar lwybr dinistriol yn hytrach nag ar yr un unionsyth, cadarn, y troediais i wedyn. Wedi'r cwbl, roedd fy ugeiniau cynnar yn llawn o apocalypsau bach; yn y dyddiau hynny doedd dim rhaid i'r apocalyps fod yn rhywbeth corfforol, na daear ddinistriol, gan mai fi fy hun oedd y byd i gyd bryd hynny, ac roedd rhywbeth fel perthynas yn dod i ben fel tân a thonnau a llawr-yn-ildio. Fyddai ambell berthynas ddim hyd yn oed yn dod i ben yn iawn. Rhyw hanner gorffen y byddai, heb i neb roi terfyn arni, heb i'r don fod yn ddigon nerthol i sgubo pob dim ymaith gyda hi. A does dim y fath beth â hanner apocalyps, oes e? Naill ai mae'r asteroid yn taro; neu ddim.

Am gyfnod, fe awn i bobman fel rhyw Charlotte Gainsbourg ofnus, gyda fy nheclyn-mesur-planedau anweledig yn dynn wrth fy ochr, am fod 'na un berthynas a oedd fel planed yn cylchdroi'n gyson o gwmpas fy myd, yn blaned nad âi i ffwrdd, yr un y gallwn ei gweld yn hofran yn yr awyr uwch fy mhen lle bynnag yr awn. Roeddwn wedi trio mesur ei phellter oddi wrtha i fwy nag unwaith. Ac ambell dro, dywedai'r teclyn fy mod yn ddiogel, mai symud i ffwrdd oedd y blaned. Ond weithiau, ac yn union fel yn y ffilm, byddai'n troi ar ei hechel, nes ei bod yn orchestol o fawr yn f'ymwybod, yn symud tu hwnt i ffiniau'r teclyn, yn dangos ei bod yn anelu'n syth tuag ata i, yn barod i chwalu 'myd. Roeddwn i'n annog y peth hefyd; yn creu rhyw ddisgyrchiant cyfnewidiol o gwmpas fi fy hun, yn ceisio creu cylchdro lle y gallai'r blaned ddinistriol hon droelli. Roeddwn yn pendilio rhwng eisiau i'r blaned ddiflannu'n llwyr a chrefu arni i chwalu 'myd a chreu apocalyps.

Ac yna roedd un noson, un bore, ychydig oriau mewn amser, lle y gallwn fod wedi gadael i hynny ddigwydd. Lle y gallwn fod wedi tynnu Melancholia i lwybr y disgyrchiant a newid cylchdro fy mywyd am byth. Y bore pan ddeffrais mewn stafell gyfyng gyda'r *ex*-o-blaned hon o berson; ac fe drodd ata i a mynnu mai ef oedd fy nyfodol.

Mewn gwesty yn rhywle oedden ni; mewn rhyw dir neb o le y byddai'n cael ei sgwrio'n lân gan lanhäwr ymhen ychydig oriau heb adael arlliw ohonon ni ar ôl. Ychydig oriau, ac ni fyddai'r stori'n bodoli. Ond mae ychydig oriau yn gallu newid cwrs bywyd hefyd. A phan mae planed yn honni iddi ddehongli eich dyfodol; mae'r honiad hwnnw mor fawr, mae'n rhaid stopio, a'i ystyried o ddifri. Hyd yn oed os yw e'n chwerthinllyd, mewn gwirionedd, i unrhyw un hawlio ei fod yn gwybod unrhyw beth am y dyfodol; y fan nad yw eto'n bodoli, y man nad oes modd bod yn anghywir amdano, nid yn y presennol, beth bynnag.

Ni allwn ei ddarbwyllo gyda geiriau'n unig; fe wyddwn hynny. Gweithred oedd angen; un seml fel gwisgo amdanaf a gadael. Ac felly fe neidiais o'r gwely i ben draw'r stafell, fel petawn eisoes yn gallu synhwyro fy nyfodol yn cropian allan oddi tan y gwely fel chwilen ddu enfawr. Ond nid oeddwn yn gallu dod o hyd i fy nillad yn unman, ac fe ddygwyd fy ana'l oddi wrtha i, yn union fel y digwyddodd i gymeriad Charlotte yn y ffilm. Chwilotais am ffenest, er mwyn gadael y mymryn lleiaf o aer i mewn ond methais ddod o hyd i un. Ac yna fe ddarganfyddais y tameidyn lleiaf o'r bore bach mewn sgwaryn gwydr, ymhell o'm gafael. Stafell i bobl dal ydoedd, a'r ffenestri bychain yn rhai na fedrwn edrych allan drwyddynt yn iawn. Bron nad oedd y dyn hwn yn y stafell wedi eu gosod felly. Teimlwn yn fwy caeth eto; fel pe bai'r gwesty hwn yn arnofio rhywle yn yr awyr; gan greu senario apocalyptaidd arall nad oeddwn hyd yn oed wedi ei ddychmygu – un lle y gallai adeilad dorri'n rhydd o'i safle a hwylio i'r awyr, a'ch condemnio i stafell mewn gwesty am weddill eich hoes, yn hwylio i'r dyfodol mewn balŵn-awyr-poeth.

Dois o hyd i fy nillad yn y pen draw, mewn pentwr yng nghornel dywyll y stafell, ac oddi tanyn nhw, roedd ei lyfr nodiadau. Edrychodd arna i mewn arswyd wrth i un dudalen agor o 'mlaen wrth i mi dynnu fy sgert amdana i. Estynnodd ei law o'r gwely i'w gau'n glep. Rhyfeddais at ei ddimensiynau bras; gan edrych yn hiraethlon eto i gyfeiriad y ffenest na-fedrwn-weld-allan-drwyddi. Ond fe synhwyrais rywbeth ar y pryd; er mor fach oeddwn o'i gymharu ag e, fy mod efallai eisoes wedi dechrau troi'n fawr o fewn y tudalennau lliw hufen hynny, ac fe'm profwyd yn gywir, ychydig flynyddoedd wedyn, wrth ddarllen amdana i fy hun yn un o'i weithiau. Daeth y sylweddoliad i'm rhan ymhen blynyddoedd, ein bod ni oll yn blanedau, yn troi mewn orbit o gylch bywydau pobl eraill, lle nad oes yr un fersiwn ohonon ni cweit yn gywir, hyd yn oed yr un rydyn ni'n ei phrofi drosom ni ein hunain. Hyd yn oed os oeddech chi yno, fel y gallai yntau a minnau dystio, "ai dyma ddigwyddodd, go iawn?" Eisoes roedd Melancholia; yr *ex*-o-blaned hon, yn gweld y bore hwn fel ffuglen.

Fy mai i oedd iddo ddweud yr hyn a ddywedodd am y dyfodol. Am i mi wneud iddo gredu hynny y noson cynt, yn fy meddwdod; drwy bregethu am y gorffennol na allwn adael-iddo-fynd, y blaned rwy wastad yn disgwyl iddi fy nharo i. Ac er na ddywedais wrtho fy mod i'n mesur ei bellter, ei ddylanwad arna i â theclyn metel dychmygol, (achos dyw *Melancholia* ddim wedi cael ei dyfeisio eto ar wely-iselder Lars Von Trier, mae Lars yn mynd o gwmpas ei bethau yn Nenmarc yn hapus ddigon yr adeg hon, yn byw a bod gyda'r clod mae e'n ei dderbyn am *Dancer in the Dark*, ffilm lawer mwy llwyddiannus) – rhyw rwtsh i'r perwyl hwnnw ddywedais i, pethau i wneud iddo gredu nad oedd hi'n bosib i'r un ohonon ni ddianc o'r cylchdro hwn a oedd wedi bod yno o'r dechrau, ers i'n planedau gael eu hatynnu at lwybrau ei gilydd.

"Der 'nôl i'r gwely," meddai, wrth fy ngweld yn sefyllian

wrth y ffenest-nad-wyf-yn-gallu-gweld-allan-drwyddi. Fe fyddai Charlotte Gainsbourgh, sydd bum modfedd yn dalach na fi, wedi gallu gweld yr olygfa.

Edrychais am rywbeth i osod rhyngdda i a'r blaned ddyn. Daeth *Geiriadur yr Academi* i'r fei o rywle. Y Bruce, yr hwn roedd e'n ei gario i bob man, fel Beibl. Fe'i codais i'r awyr fel tarian amddiffynnol a sylweddoli mai fel hyn y byddwn i'n osgoi trafod y dyfodol; trwy osod dros ddau gan mil o eiriau rhyngon ni.

melancholia: *n. Med* pruddglwyf, *m, F:* y felan *f, S.W:* y falen *f.*

Nid dyna'r gair a ddarllenais yng nghrombil y Bruce ar y pryd, wrth gwrs, rhywbeth llawer mwy ar hap ydoedd, fel **fomites n.pl** (*sing. fomes*) *Med:* magwrfeydd – rhywbeth na fyddai'n deitl addas i greadigaeth gan wneuthurwr ffilm o Ddenmarc. Heb wybod, mewn gwirionedd, y byddai'r gair hwnnw'n ymestyn ymhellach i'r dyfodol na'r berthynas hon; y gair sy'n disgrifio'r arwynebau hynny sy'n magu heintiau ac yn ein rhwystro ni rhag mynd i dai ein gilydd.

Ond yn y gorffennol penodol hwn, doedd y gair yn golygu dim, dim ond ceisio rhoi clawr caled melyn ac oren a glas rhyngdda i ag ef oeddwn i, a dyma'r unig beth oedd wrth law. A gafodd *Geiriadur yr Academi* ei ddefnyddio fel hyn o'r blaen, tybed? Fel tarian i amddiffyn merch yn ei hugeiniau oddi wrth ei chyn-gariad; fel teclyn i fesur faint o amser a gymerai i'r awydd i ddychwelyd i'r gwely bylu?

"Dere 'nôl i'r gwely!" meddai'r *ex*-o-blaned drachefn, a'i lais yn gwrthod seinio, gan nad oes sŵn yn y gofod.

Fel Claire yn y ffilm, neu fel Charlotte yr actores, roeddwn yn anadlu'n rhy gyflym. Fe drois i edrych arno'n araf, araf, fy wyneb yn llenwi'r ffrâm – ac roedd Lars (nad oedd wedi sgwennu'r ffilm eto) – yn fy nghyfarwyddo – ac roedd y gynulleidfa – nad oeddent eto yno chwaith, nac yn dymuno gweld y ffilm hyd yn oed, a doedd gan eu hanner nhw ddim unrhyw syniad beth oedd yn mynd ymlaen – yn gallu gweld y cyfan yn fy llygaid i heb i mi orfod dweud gair: yn gweld nad oedd dyfodol fan hyn – mai cariad ynghlwm â'r gorffennol ydoedd; ysfa i fod gyda rhywun sy'n cofio yr hyn roeddwn i, yn hytrach na'r hyn y gallwn fod. Chwilfrydedd am ba fath o ffuglen y gallwn ei greu gyda'n gilydd; ysfa i weld sut rydyn ni'n ymddangos ar dudalennau ein gilydd.

Ac yn wir, mae'r atmosffer yn newid pan rydyn ni ar fin gwneud camgymeriadau; rhyw gysgod yn dod o rywle, rhyw drydan yn yr awyr fel pe bai storm yn ffrwtian. A hon oedd y foment, y foment newidiodd atmosffer y stafell a gwneud i mi sylweddoli bod gen i ddewis: derbyn bod planed ar fin fy nharo ac y byddai hynny'n arwain at ddyfodol o fath trychinebus, dyfodol lle y byddwn yn ffuglen yn wastadol – neu gadael, a gobeithio na fyddai'r ddaear yn sigo o dan fy nhraed fel mae'n gwneud pan mae Claire yn trio dianc yn y ffilm.

Estynnodd amdana i, ac fe es i ato; ond gan weld, yn rhy hwyr, mai prif fyrdwn ei ddwylo oedd cael ei eiriadur yn ôl, gan ofni y byddwn yn ei gymryd; ei drysor pennaf, lle roedd yr holl eiriau y gallai eu defnyddio i 'nisgrifio i.

Yn y trosglwyddiad trwsgl, caewyd pob dyfodol yn glep rhwng cloriau caled.

Allan ar y stryd roedd pob dim yn union fel y'i gadawais, a cheir cyntaf y bore yn taflu cysgodion eu golau drosof, heb falio yr un botwm corn am yr apocalyps a fu bron a digwydd mewn stafell uwch eu pennau. Wrth edrych yn ôl ar y gwesty gwelais lygaid bach unffurf yr adeilad yn deffro, fesul sgwaryn, ac nid oedd modd dweud y gwahaniaeth rhyngddyn nhw. Gwelais mor gadarn ydoedd, yr adeilad hwn; wedi ei wreiddio yn y concrid, ac na fyddai'n debygol o arnofio i ffwrdd fel balŵn-awyr-poeth.

"Fe 'nes i ddal gafael ar fy nyfodol!" Dyna oeddwn i eisiau ei weiddi. "Fe adawes i i'r blaned hwylio heibio!"

"Isht, nawr," daeth llais Lars o'r dyfodol. "Gall y gynulleidfa lenwi'r bylchau drostyn nhw'u hunain."

A mynd heibio a wnaeth – y blaned-ddyn, Melancholia. Hwylio draw at ei ddyfodol ef, ac ymhen dim, roeddwn i wedi canfod fy un i. Oherwydd roedd posibiliadau eraill wrth barhau i anturio yn y gofod mawr 'na, i barhau i ystyried y gallai bydoedd eraill fodoli. Ac yn raddol o beth, roedd modd rhoi'r gorau i berfformio, a chyfarfod â rhywun a oedd yn fy ngweld fel person y tu hwnt i gymeriad mewn stori; fel fi fy hun. Rhywun na fyddai wedi mentro dweud wrtha i mai ef oedd fy nyfodol; am ei fod yn gwybod mai rhywbeth i'w ganfod yw hwnnw, nid rhywbeth i ddamcaniaethu yn ei gylch. Rhywun a ddywedodd wrtha i mai ar letraws mae dehongli hanes, nid fel llinell syth.

Bob hyn a hyn, rwy'n dal i efelychu edrychiad difrifol Claire drwy'r ffenest. Dwi'n galw o hyd ar Lars i ddod i gyfarwyddo f'atgofion, ond mae gan Lars Von Trier bethau amgenach i boeni amdanyn nhw. Yn ystod premiére ei ffilm ddiweddaraf, fe gerddodd cant o bobl allan, er i weddill y gynulleidfa godi ar eu traed i gymeradwyo.

Dwi'n dal i orfod gwneud yn siŵr, drwy'r teclyn, neu dros rimyn geiriadur Bruce, beth yw union leoliad Melancholia yn yr wybren. Ac yn gyffredinol, caf ryddhad o weld fod y blaned-ddyn ymhellach i ffwrdd, fod ei derfynau yn dwt tu mewn i'r weiren. Gydag amser, mae wedi mynd yn llai ac yn llai; gan basio heibio fel smotyn dros wyneb yr haul, heb dynnu fawr o sylw ato'i hun.

Onid oes gan bawb ei blaned? Ei apocalyps-na-fu?

7

Chwarter Olaf

ERBYN HYN MAE'R lloer yn codi ganol nos, yn teithio ar draws y cyhydedd pan ddaw'r wawr ac yn machlud erbyn canol dydd. Mae hi'n gwanhau bob dydd; yn gwacáu ei hun o bethau; golau, gobaith, breuddwydion. Ac wrth edrych arni am hanner nos fel hyn, daw'r sylweddoliad rhyfedd hwnnw bod 'na oleuni rhywle islaw fy nhraed, rhyw fywyd arall, ymhell o f'un i, yn gloywi'n llachar tra dwi mewn cysgod.

A yw'r lloer yn ddig, tybed, bod dynion wedi troedio ei harwyneb fel y gwnaethant? Onid oedd wedi rhoi digon o dystiolaeth i'r byd ei bod hi'n bodoli, tu hwnt i'w hymddangosiad yn awyr y nos a'r dydd, wedi briwsioni darnau mân ohoni hi ei hun fel conffeti i fannau mwyaf anghysbell y ddaear, lle mae'r gwres yn eu cadw rhag dadfeilio? Onid eu gwasgaru yn fwriadol i ddwylo pobl gyffredin a wnaeth, fel nomadiaid y Sahara, a allai yn eu tro fynd â nhw i farchnad Nouadhibou i'w gwerthu, a chael rhyw fudd ohonyn nhw?

Ac eto bu ambell fod dynol, ambell wlad, ambell system wleidyddol, yn ddiamynedd yn ei hawlio iddyn nhw eu hunain. Doedd derbyn y dystiolaeth, fesul carreg fechan, ddim yn ddigon. Roedd yn rhaid gweld, profi, concro. Ei chyflwyno i weddill y byd. Ac wrth fynd â'u presenoldeb ati hi, fe aeth y lloer drwy brosesau nad oedd wedi eu profi o'r blaen; fe adawyd marciau teiars ar ei hyd, fe chwistrellwyd nwyon roced i'w hamgylchedd tenau; fe adawyd olion dynol.

Ac wrth gamu ar y lleuad, croeswyd ffin na chroeswyd hi cyn hynny; ffin a olygai na allai pethau byth fod yr un fath.

Nid yw'r teithiau hynny ar ben chwaith, am fod gan yr Asiantaeth Ofod Ewropeaidd bellach gynlluniau i archwilio'r lleuad yn llawer mwy trylwyr nag y gwnaeth yr Americanwyr, gan honni taw hi yw 'wythfed cyfandir' y byd, tra bod America eisoes yn cynllunio i lanio'r ddynes gyntaf ar y lleuad yn 2024; gan ddefnyddio enw gefell Apollo ar y genhadaeth y tro hwn, sef Artemis, er mai hi oedd duwies y lleuad o'r cychwyn cyntaf. A gyda'r darganfyddiad rhyfeddol diweddar fod 'na ddŵr ar y lleuad, ai eu bwriad nawr yw gwasgu pob un diferyn allan ohoni?

Un o'r lluniau mwyaf rhyfeddol o'r teithiau hynny yw llun a dynnwyd gan griw Apollo 8 o'r *earthrise*, y byd-ddyrchafiad, o bersbectif un dyn yn cylchynu'r lleuad, yn edrych ar yr hyn mae wedi ei adael ar ei ôl.

Ai hyn sy'n ei tharo wrth iddi fynd yn flinedig drwy ei chwarter olaf? Y ffaith i ofodwyr ddangos i weddill y byd pa mor farwaidd, plaen a thywyll oedd hi o'i gweld yn agos, gan nad oedd modd iddi amsugno mwy na rhyw ddeuddeg y cant o olau'r haul ar yr un pryd? Ond wrth osod y byd o dan yr un golau, yna roedd e'n chwyrligwgan o liwiau a fflachiadau.

Ai dringo i'w harwyneb er mwyn derbyn cadarnhad o'u mawredd a'u disgleirdeb nhw eu hunain a wnaeth criw Apollo, yn y pen draw?

Pwy a ŵyr na fydd gofodwraig Artemis yn gweld pethau'n wahanol?

Cyffwrdd â'r Dyfodol

YN BLENTYN WYTH oed, doedd gen i ddim ofn o gwbl am fyrddio roced, ffarwelio â 'nheulu, ac anelu am y gofod. Sleifiwn i mewn drwy'r agoriad i foncyff, lapio fy hun mewn gwregys o laswellt hir, gwasgu botymau wedi eu gwneud o fes a cherrig, a thynnu ar y brigyn fel lifer. Wrth wneud fy hun yn fach, fach, credwn gant y cant y gallai'r roced hon fy saethu allan o 'nghornel i o Gymru i ofod grymus uwch fy mhen. Nid pren oedd o'm hamgylch, ond titaniwm ac alwminiwm.

Roedd gen i ddigon o ddychymyg bryd hynny i bweru roced.

Fi fyddai'r ferch gyntaf yn y gofod, dwedwn wrtha i fi fy hun (heb sylweddoli bod Valentina Tereshkova eisoes wedi cyflawni'r orchwyl honno dros ddegawd cyn fy ngeni). Y ferch fach o Ddyfed a chwalodd y nenfwd wydr! Ond doeddwn i ddim ar 'y mhen fy hun, chwaith – uwch fy mhen, ym mrigau'r goeden, roedd fy mrawd, M, a'n cymdogion, J a L. Doedden nhw ddim yn cael dod i mewn i'r 'stafell reoli' am fy mod wedi mynnu mai fi, fel yr hynaf, ddylai aberthu fy mywyd pe bai rhywbeth yn mynd o'i le – ac y bydden nhw, yn ôl fy naratif i, yn cael eu saethu allan i glydwch y cae yn eu 'pods diogelwch', gan arnofio'n araf, ddiogel yn ôl i'r ddaear.

Cyfri i lawr o ddeg, a gobeithio am y gorau. A thrwy ffenest fechan y pant yn y pren, roedd porth lle gallwn weld fy myd i gyd yn crebachu – gan weiddi ar fy nghriw – i ffwrdd â ni!

Tu hwnt i Benrhiw-llan, tu hwnt i Ddyffryn Teifi, tu hwnt i Ddyfed, tu hwnt i Gymru, tu hwnt i'r byd! A'r fflamau yn llosgi'r byd daearol yn ddim o flaen fy llygaid.

Ond roeddwn i wedi gwylio digon o ffilmiau i wybod nad oedd pethau wastad yn dod i fwcwl yn ddi-fai. Hyd yn oed yn wyth oed, gwyddwn fod angen rhwystr ar fy mhrif gymeriad; bod angen tro yng nghynffon y naratif.

"It's gonna blow," gwaeddwn, mewn acen ffug Americanaidd, er budd fy nghymdogion di-Gymraeg, J a L – ond hefyd am nad oedd gweiddi, "ma ddi'n mynd i hwthu lan" yn gweddu i'r ffantasi aruchel roeddwn wedi ei chreu ar ein cyfer ni. "Abort mission!"

A dyma'r bechgyn yn dechrau disgyn fel afalau o frigau'r goeden; yn bennaf am eu bod wedi arfer ymateb i'm gorchmynion, am mai fi oedd yn teyrnasu dros bob gêm, fi oedd yn creu pob senario a phob rheol – mor bendant nes i'r tri, y diwrnod wedyn, ffurfio byddin fach, dwy droedfedd o 'mlaen a dweud: "we're not going to play what you want anymore."

Wedi i'r bechgyn lanio ar y gwair, roeddwn ar fy mhen fy hunan bach. Roeddwn i fod i wasgu'r botwm *eject* fel bod fy sedd yn fy hyrddio i glydwch y gofod. Ond fe syllais ar yr awyr las uwch fy mhen, a phenderfynu aros. Gan barhau i ymyrryd â'r botymau, wrth drio dod â'r roced 'nôl dan reolaeth, yn trio popeth i reoli'r sefyllfa, ac yna derbyn fy mod wedi methu. "It's gonna blow!" sibrydais eto wrtha i fy hun.

Ac yna'r chwalfa – a minnau'n ferthyr – yr arwres, yn fil o ddarnau. A chegau y bechgyn yn ogofâu bach wrth i mi hyrddio fy hun yn felodrama o ferch wrth eu traed.

Mae 'na lun sydd wastad yn f'arswydo, bob tro dwi'n edrych arno.

Ynddo mae dau berson, gŵr a gwraig yn eu chwedegau, yn syllu i fyny i'r awyr, gan afael am ei gilydd.

Eu henwau yw Grace ac Edward Corrigan.

Anodd yw amgyffred yr olwg ar eu hwynebau ar yr olwg gyntaf.

Craffwch yn nes ac fe welwch anghrediniaeth, o bosib. Ofn, efallai. Dryswch yn dawnsio yn eu haeliau.

Mae hi'n ddydd Mawrth, Ionawr yr wythfed ar hugain, 1986, ac mae llong ofod Challenger newydd ei lansio i'r awyr.

Ar fwrdd y llong ofod hon mae eu merch, Christa.

Dyw hi ddim mewn boncyff ym Mhenrhiwllan, mae hi mewn roced go iawn sy'n cael ei lansio o Cape Canaveral, Florida. Does gan y chwech person sydd gyda hi mo'r opsiwn i ddweud nad ydyn nhw am chwarae rhagor. Mae'r gêm hon eisoes wedi dechrau. Ac yn yr un modd mae hi bron, hefyd, ar ben.

Fel pob mam sy'n gweld ei phlentyn yn gwneud pethau am y tro cyntaf, mae'n siŵr ei bod hi'n anodd i Grace gredu bod rhywun a ddaeth o'i chorff hi, y baban a gariodd ac y'i carodd am ddegawdau, bellach ar fin saethu i'r awyr. Sut y gwnaeth hi rywbeth mor wirioneddol esgeulus â gadael i'w chyntaf-anedig gamu i mewn i long ofod? Sut y cytunodd i lansio ei phlentyn i'r awyr yn llygaid y byd?

Mae Grace yn cofio pob dim anturus, dwl a wnaeth Christa erioed. Y modd y troediodd y ferch ifanc hon y creigiau wrth ymyl yr harbwr yn ei mebyd, y modd y syllodd ar adeiladau tal Boston gan ysu i'w dringo. A'r tro hwnnw y seiclodd i ffwrdd ar ei beic tair olwyn yn dair oed cyn i'w rhieni sylwi ei bod wedi mynd, gan hwylio'n eofn i mewn i'r fflyd o geir a ddeuai tuag ati o ddau gyfeiriad. Pe na bai ci'r teulu, Teddy, wedi cydio ynddi gerfydd ei throwsus bach a'i llusgo 'nôl ar y pafin, duw â ŵyr beth fyddai wedi digwydd.

Mae Christa yn oedolyn erbyn hyn, ond yn llygaid ei mam mae hi'n ferch fach dair oed yn hwylio i ganol y traffig ar feic plastig.

Un ferch. Un Christa McAuliffe; ac awydd gwneud mwy nag oedd yn bosib iddi wneud, mewn gwirionedd. Un o blith mwy nag un ar ddeg mil o ymgeiswyr, a lwyddodd i ennill y clod o fod yr athrawes gyntaf yn y gofod.

Y baneri'n cyhwfan, y plant ysgol yn gwylio. Mae merch gyntaf-anedig Grace ac Edward yn mynd i'r gofod.

Onid dyma'r achlysur maen nhw wedi dyheu amdano? Yr eiliad y byddan nhw'n gweld eu merch yn torri drwy atmosffer y ddaear, a mynd ymhellach nag a wnaeth yr un ferch gyffredin erioed yn hanes y byd? Ac eto dyw'r profiad ddim yn teimlo'n gyffrous bellach. Mae'r lansiad hwn wedi cael ei ohirio ar fwy nag un achlysur, dros sawl diwrnod, er bod cannoedd ar gannoedd o bobl wedi teithio yno i'w wylio'n digwydd. Ond fesul un, mae tylwyth a chyfeillion Christa wedi gadael. Fel petai hi eisoes yn y roced, yn gwylio'i byd yn crebachu drwy'r ffenest. Ei brodyr a'i chwiorydd, ei ffrindiau coleg, ei chyd-athrawon, heb sôn am deuluoedd y gofodwyr eraill; mae eu hamser rhydd wedi dod i ben, rhaid dychwelyd i'w gwaith, y cyfan oll oherwydd y gohirio, annisgwyl, anrhagweladwy sy'n digwydd wrth lansio person i'r gofod.

Ond fe arhosodd ei theulu agosaf: ei chwaer, Lisa, ei gŵr, Steven, a'i phlant, Scott a Caroline.

Ac fe arhosodd Edward a Grace.

Trwy gydol eu bywydau maen nhw wedi ceisio'i gwarchod hi, ond hefyd wedi rhoi'r dygnwch iddi wireddu pob uchelgais. Ac mae Christa wedi breuddwydio am fod y math o ferch, y math o fam, y math o athrawes fydd yn cyrraedd yr entrychion. Cyffwrdd â'r dyfodol, fel y dywedodd hi ei hun, wrth gyfeirio at y ddawn o addysgu. A nawr mae hi fel petai'n gwireddu hynny mewn ffordd lythrennol, mae hi'n cael ei lansio i'r dyfodol, mewn roced, mewn ffordd na chafodd yr un person 'cyffredin' erioed. Ac mae Edward a Grace yn parhau i edrych i fyny, achos i ble arall y gallan nhw droi eu golygon?

Ond mae Edward yn dechrau rhythu ar y pibonwy wrth droed y roced, a'r iâ hwnnw yn ymffurfio rhywle o gwmpas ei galon, a'i chrisialu. Ac mae'n dweud wrth ei wraig, wrth weld mor oer yw hi, a theimlo ryw ias ym mlaenau'i fysedd: "Dwi eisiau ei chymryd hi oddi ar y llong ofod 'na. Nawr." Ac mae Grace yn edrych arno ac yn dweud: "Ddaw hi ddim, ti'n gwbod. Ddaw hi ddim."

A does dim i'w wneud ond cyfri i lawr gyda'r dorf, a gwylio'r roced yn codi yn codi i'r awyr. Gan deimlo'r dirgryniad dan eu traed, ac yn mhob un wythïen yn eu cyrff.

Chwe deg eiliad wedi'r lansiad, gyda'r roced yn dal i esgyn yn esmwyth i'r awyr, dechreuodd Edward ystyried, efallai iddo fod yn fyrbwyll. Na ddylai fod wedi aflonyddu fel hyn: onid yw'n rhywbeth naturiol i ryddhau ei ferch, ei gyntaf-anedig? Nid bod pawb yn gwneud hynny mewn ffordd mor ddramatig, wrth gwrs, dyw pawb ddim yn lansio eu merched i'r awyr fel hyn!

Saith deg eiliad wedi'r lansiad, feiddian nhw ddim cymryd eu llygaid oddi ar y ffurfafen. Pa mor hir mae'n rhaid parhau i edrych? Erbyn hyn maen nhw am golli golwg arni, achos dyna fyddai'r canlyniad gorau mewn gwirionedd, y roced yn diflannu. Dyna oedd dyhead pawb, yn ystod y diwrnodau diwethaf yma; ac roedd y dyheu wedi cynyddu fesul siom, fesul gohiriad.

Maen nhw am i'r awyr lyncu eu merch. Yn ei diflaniad bydd hi'n ddiogel.

Saith deg tri o eiliadau wedi'r lansiad daw sŵn byddarol o rywle. Bron fel petai'r awyr ei hun wedi datgelu bod y cyfan yn ffars llwyr, ac nad oes modd i roced hedfan wedi'r cwbl; ei bod mor ddiwerth â'r rocedi papur roedd y plant yn eu gwneud erstalwm. Ond nid yw'r plant ysgol sy'n gwylio 'nôl yn Concord, New Hampshire, lle roedd Christa'n athrawes, yn sylweddoli bod rhywbeth o'i le. Maent yn parhau i wisgo eu hetiau amryliw tri chornel a chwythu eu chwythwyr parti aur ac arian, yn parhau i guro eu dwylo a chwerthin a stampio'u traed wrth i'r mwg lenwi'r sgrin, achos dydyn nhw erioed wedi gweld lansiad roced o'r blaen: onid dyma sy'n digwydd wrth i roced hwylio i mewn i orbit, mae'n rhyw hanner ffrwydro, yn dric consuriwr, yn bwff o lwch?

Roedd greddf Edward yn iawn. Mae'r pibonwy wedi bod yn rhybudd o'r dechrau. Mae'r cylchoedd rwber siâp O, ar waelod y roced, sydd yno i'w diogelu rhag y nwyon peryglus wedi methu, oherwydd yr oerfel eithafol. Ac mae'r ocsigen a'r hydrogen hylifol yn llosgi drwy'r roced, yn cwrdd am un genhadaeth olaf. Ac mewn eiliad mae'r byd yn gweld bod gan y nwyon sy'n cynnau breuddwydion y grym i'w chwalu'n chwilfriw. Ac fe ddaw yn amlwg wedyn nad rhywbeth anrhagweladwy oedd hyn, am y bu cyfarfodydd a ffacsiau a rhybuddion mewnol yn NASA ers peth amser, gan beri dadlau mewn coridorau, ochneidiau mewn stafelloedd cyfarfod, a hyd yn oed wedi i'r penderfyniad gael ei wneud fe wnaeth un peiriannydd grio wrth olwyn ei gar ac yngan wrth ei ferch y geiriau anfarwol – marwol – hynny: "It's gonna blow".

Ai hanes Christa wnaeth hi'n bosib i mi chwarae'r ferch-ofodwraig gyda chriw o fechgyn, gan fynnu mai fi oedd y dewraf un? Roedd hi'n adnabyddus cyn y ddamwain hyd yn oed; yn bennaf am ei bod yn berson 'di-nod' cyn hynny. Un o blith miloedd. Bu'n rhaid iddi ddioddef blwyddyn gron o gyfweliadau ac ymddangosiadau. Ac oherwydd y cyffredinedd hwnnw y cafodd cymaint o sylw yn y lle cyntaf. Dyna oedd obsesiwn y wasg, a dyna a'i gwnaeth yn hudolus i fenywod cyffredin – y gred y gallent hwythau hefyd, adael y stafell ddosbarth, neu'r swyddfa, neu'r gegin – a byrddio llong ofod. Ac wrth i minnau, yn fy mebyd, weiddi ar bawb i adael y llong-ofod-nad-oedd-yn-fwy-na-bwa-o-frigau, roeddwn i, yn y foment honno, yn chwarae gyda mwy na breuddwydion.

Eto nid trasiedi'n unig yw ei stori hi. Fe aeth Christa i gyffwrdd â'r dyfodol yn hollol hyderus, er gwaetha'r canlyniadau. Ac wrth wneud, fe wnaeth i eraill gredu y gallen nhwythau hefyd wneud hynny. Fe bwysleisiodd ei hantur hi nad oedd y gofod yn lle egscliwsif, elît, ei fod yn lle a oedd yn eiddo i unrhyw un chwilfrydig. Camgymeriadau daearol a'i cipiodd oddi wrth ei theulu wedi'r cwbl, nid rhyfeddodau'r gofod; ac fe dreuliodd Grace, ei mam, weddill ei bywyd yn cenhadu ar ei rhan, yn addysgu merched ifanc i ddilyn eu breuddwydion, yn benderfynol na fyddai hanes, na'r ffeithiau anffodus, yn newid naratif bywyd hynod bositif ac anturus Christa. Gan fynnu mai gwers bywyd Christa oedd y dylech gyflawni'r hyn sy'n ymddangos yn anodd neu'n amhosib, a hynny hyd eithaf eich gallu. Ac fe welodd Grace ei cholled, yn rhan o rodd ei chenhadaeth. Yn gyfran o siwrne ei dyfodol.

Ychydig a wyddwn i, wrth 'chwarae gofod' yng nghaeau Bryniago, fod 'na ofodwraig arall, a oedd ond rhyw flwyddyn yn hŷn na mi, bryd hynny yn chwarae yr un math o gemau yn Val di Sole, Trentino yn yr Eidal. Rhywun a oedd wedi gweld y newyddion am drychineb Challenger a heb adael i hynny fwrw cysgod dros ei bwriadau. Ac yn wahanol i fi, nid egin dychmygion oedd yno, ond egin uchelgais. Uchelgais a arweiniodd at yr un math o broses 'dewis a dethol' er mwyn ennill ei lle yn yr Orsaf Ofod Ryngwladol.

Ai cyd-ddigwyddiad yn unig yw'r ffaith fod yr enw Cristoforetti yn swnio mor debyg i Christa? Ac onid ystyr Christa, yn nhermau crefyddol, yw 'yr un sy'n cael ei dewis', fel yr Eneiniog? Mae rhywbeth arswydus a chyffrous yn y ffaith i'r ddwy yma orgyffwrdd gyda'm cyfnod a'm hanes i ar y blaned hon, ac i mi allu gweld llwybrau'r ddwy yn lledaenu mewn ffyrdd mor wahanol. Fe aeth Cristoforetti i'r Orsaf Ofod Ryngwladol am ddwy flynedd gyfan; antur ddihafal cyn dyfod yn fam, a bu'n ddigon ffodus i ddychwelyd i'r ddaear, i fagu ei theulu wedyn. A'r llun sydd bellach wedi ei serio ar fy nghof yw'r un gorchestol o Samantha Cristoforetti yng Nghromen yr Orsaf Ofod Ryngwladol yn arnofio; yn rhydd o'r holl bwysau sydd yn dod gyda disgyrchiant, yn edrych i lawr ar y byd yn ei gyfanrwydd.

Ai dyma oedd 'cael y cyfan' go iawn, y term hwnnw sydd yn gymaint o fwrn i fenywod, beth bynnag fo'u proffesiwn? Faint o bobl sydd yn gallu dweud iddyn nhw deithio'r byd i gyd, yn llythrennol bron, a chael gweld pob môr, mynydd ac anialwch, pob dinas, pob porthladd; hofran uwch ei ben a'i weld fel man cyfartal, unfryd, di-rywedd. Cyffwrdd â'r dyfodol, y gorffennol a'r presennol ar wib, a byw ynddynt i gyd, am ennyd?

Ac ai cyd-ddigwyddiad pellach yw hi mai'r lloer, nid y byd, a roddodd i Cristoforetti rhyw ymdeimlad o heddwch wrth iddi ddechrau ar ei siwrne i fod yn ofodwraig? Fel pe bai'r lloer yn rhoi sêl ei bendith iddi deithio'r gofod? Dywedodd:

Happiness always takes me by surprise, sneaking in unexpectedly, almost inexplicably. I think it must grow inside, slowly and quietly, until some small detail makes it spill over, and all at once it saturates body and soul. Or maybe it's always there under your skin, waiting for you to make room for it. That night, I went to bed coddled by the expanse of clear sky I could see through the big windows in my living room. The full moon came out, haloed in silver – and suddenly I was happy.[4]

Efallai mai ei gweld yn codi uwchlaw'r byd a wnaeth delwedd Cristoforetti yn un mor bwerus i ni fodau daearol, ond yno yn rhywle, yng nghilfachau ei gwên, roedd grym y lloer hefyd. Ac o fewn yr un lloer yn digwydd bod, roedd Christa yn syllu 'nôl arni, nid fel ysbryd neu rith ond fel rhan gorfforol o'i hunaniaeth, gan i'r Undeb Seryddol Rhyngwladol benderfynu enwi rhai o graterau'r lleuad ar ôl y gofodwyr hynny a gollodd eu bywydau yn nhrychineb Challenger.

Ar ben pellaf y lleuad, o fewn ceudwll Apollo ar yr ochr ddeheuol, mae 'na nodwedd siâp dysgl ag ymylon cylchog. Mae iddo ôl traul yma ac acw, ond nid yw wedi colli ei nodweddion gwreiddiol chwaith. Hwn yw crater McAuliffe. Crater Christa. Ac o'i fewn, mae 'na lawr crwn, llyfn nad yw eto wedi ei dresmasu.

Man y gall Cristoforettis y byd hwn syllu i fyny ato, a theimlo iddo eu bendithio nhw. Eu heneinio, hyd yn oed.

---

[4]   Samantha Cristoforetti, *Diary of an Apprentice Astronaut*, (cyfeithiwyd o'r Eidaleg gan Jill Foulston), Allen Lane, 2020. Tud 25–26.

8

Lleuad Gilgant sy'n Cilio

A I CILIO NEU ildio mae hi'n ei wneud, mewn gwirionedd? A oes gwahaniaeth? Mae 'na hyfrydwch wrth ymroi'n llwyr i encil y nos. Mae 'na ryddid hefyd mewn ildio. Ildio i gysgod a gadael i hwnnw eich meddiannu.

Ac a yw'r cilio a'r ildio hwnnw i'w deimlo'n union yr un fath ar draws y byd? Yn hemisffer y Gogledd, mae'r lleuad yn cynyddu a chilio o'r dde i'r chwith, ond yn hemisffer y De, y gwrthwyneb sy'n wir. Mae'n bosib bod rhai'n synhwyro eu bod nhw'n ffarwelio â hi'n daclus fel ffrind mynwesol, ac eraill yn synhwyro ei bod yn dal yno'n llercian yn rhywle, yn eu gwylio drwy'r drain.

Rhyfedd yw gorfod gollwng gafael ar rywbeth nad yw wir yn mynd go iawn. Rhywbeth sydd ond yn cuddio oddi wrthoch; y tu ôl i len, fel plentyn yn cwato. Onid rhywbeth felly hefyd yw pob diwrnod, pob profiad, pob dim, mewn gwirionedd? Yn hytrach na diflannu i ebargofiant, onid ydyn nhw'n glynu yn rhywle, yn gadael eu marc? Oni ddywedodd Einstein nad yw'r ffin rhwng y gorffennol, y presennol a'r dyfodol ond yn rhith styfnig a pharhaus? Ac efallai'n wir nad symud i ffwrdd ydyn ni, nid gadael pethau ar ôl, ond cylchdroi, megis lleuad? Yn union fel mae pob dim a ddigwyddodd i ni erioed yn dal i fod yn ein hymennydd yn rhywle, felly mae hi hefyd yng ngwead y lloer, gydag olion traed a chraterau yn dal i adrodd hanes distaw ei thrychinebau, ei gwrthdrawiadau a'i hanturiaethau.

Y cyfan sydd ei angen yw bod y goleuni yn dychwelyd; ar yr adeg iawn, a daw popeth a fu'n gudd, pob dim a aeth yn honedig angof, yn weledol unwaith yn rhagor.

Croes-lan

R YDYN NI WEDI dod i'r casgliad, fi a N a L, nad ydyn ni cweit yn ffitio i mewn yn yr ysgol ar y bryn. Arwyddair yr ysgol yw 'oni heuir, ni fedir', sy'n gydnaws â'r ffaith fod yr ysgol hon yn ddwfn yng nghesail dyffryn amaethyddol, ond eto, does yr un ohonon ni'n tair yn byw ar fferm. Dydyn ni ddim wedi hau unrhyw beth yn ein bywydau, a bod yn gwbl onest. Efallai i ni eistedd ar ambell felen o wair, ond dydyn ni ddim yn siŵr sut i eistedd ar un o'r rheini hyd yn oed, mae'r lluniau yn dangos hynny, yn y ffordd rydyn ni'n dal 'mlaen atyn nhw fel petaen nhw'n rafftiau-achub-bywyd. Creaduriaid gwyllt o fath gwahanol y'n ni, ni hambons-heb-fferm, yn ein dillad ail-law a'n gwallt wedi crimpio a'i liwio, yn ein tai pâr a'n byngalos a'n bythynnod. Er ein bod wedi dweud wrth ein rhieni mai ym Mro Myrddin neu Ystalyfera y gallwn ddychmygu'n hunain yn ffitio i mewn go iawn – (a dwi a L wedi mynd mor bell ag archebu prosbectws yr ysgolion hynny, gyda'n rhieni'n rholio'u llygaid tu cefn i ni) – mae gwair Dyffryn Teifi yn tyfu'n ein ceseiliau fel ar bob arddegyn arall, a buan iawn y down ni i sylweddoli faint o waith fyddai gorfod ailsefydlu ein hodrwydd mewn lle newydd.

Ac yn y bôn, rydyn ni'n gwybod y byddai gadael yn golygu ffarwelio â'r *canu*. Canu yw'r peth, yn yr ysgol hon. Rydyn ni'n cael yr argraff nad yw I, yr athro cerdd, wir eisiau bod yn athro, (rydyn ni wedi dod o hyd i dâp o ganeuon pop a ryddhaodd beth amser yn ôl), ac rydyn ni wrth ein boddau bod pob gwers cerdd yn gyfle i greu riffs blŵs neu fyrfyfyrio *jazz* neu sgwennu caneuon ein hunain, a bod pob amser cinio yn golygu ymarfer côr a phob penwythnos yn drip i ryw gyngerdd yn rhywle neu'i gilydd, a dydyn ni ddim yn deall pam – a ninnau mor frwd – bod ein rhieni ni oll yn edrych wedi ymlâdd ar ddiwedd pob un perfformiad.

Nid nes ein bod yn dechrau cymysgu gyda phlant o ysgolion gwahanol y down i ddeall bod ysgolion uwchradd eraill y wlad yn perfformio dramâu a sioeau cerdd ac o leiaf yn cynnig rhyw saib o'r canu, yn creu rhyw olygfa yma ac acw, llinell o ddeialog wedi ei phupro rhwng melodïau, ond dydyn ni, fan hyn, yn ein cornel fach ni o Geredigion, ddim yn credu yn y fath beth. Rydyn ni'n buryddion. Mae ein cyngherddau'n dair awr o hyd, o leiaf, ac rydyn ni'n meddwl bod hynny'n gwbl normal. A hyd yn oed pan fydd I yn gadael yr ysgol er mwyn ymroi'n llwyr i gerddoriaeth – a minnau'n ei ddilyn ar yr antur honno, gan ymuno â'i gôr newydd (a'm rhieni yn ochneidio wrth feddwl faint o aros-mewn-meysydd-parcio fydd eto i ddod) – hyd yn oed wedyn, mae'r canu-canu-canu'n parhau. Achos mae'r ysgol hon wedi ei hypnoteiddio bellach i gredu os canu, yna canu'n unig y dylid ei wneud! "Dydych chi ddim yn cymysgu canu gyda ffurfiau eraill, bois bach. Os chi moyn sioe gerdd, cerwch i Gefneithin!"

Wedi wythnos yn nhymor cyntaf y chweched, rydyn ni – fodau od, hambons-heb-fferm – eisoes wedi dieithrio'r bechgyn, nid yn unig oherwydd ein canu di-baid, a'n tueistr i gynnal ein cyngherddau bach ein hunain o'u blaenau, ond o ganlyniad i'r hyn y cyfeiriwyd ato'n ddirmygus fel 'chwyldro ffeministaidd' yn y stafell gyffredin. Fe roddwyd stafell i ni gan ein hathrawon gyda'r ddealltwriaeth y gelen ni addurno'r waliau; 'mond i ni gytuno ar y delweddau a chydweithio. Ond wrandawodd neb ar hyn, am nad oes modd cydweithio mewn chweched dosbarth â'r math yma o garfanau yn perthyn iddi: saith bachgen ystyfnig, rhyw dri deg o ferched aeddfed nad ydyn nhw am gwympo mas gyda neb, a thair sy'n methu-stopio-canu ac sy'n benderfynol o bwysleisio eu hodrwydd, lle bynnag y bo modd. Ac er mwyn ein cythruddo ni, mwy na thebyg, mae'r bechgyn yn mynd ati i addurno un wal gyfan gyda delweddau o ferched bronnoeth. *Pyrcs,* fel byddai Mam-gu wedi eu galw nhw.

Codi uwchlaw'r peth oedd tacteg y merched eraill, ond roedden ni'n tair yn gandryll. Rhaid oedd ymladd yn ôl, nid trwy gwyno wrth athrawon, nid drwy dynnu'r lluniau i lawr ond wrth fynd ati i gymysgu paent yn stafell gelf Mr W, ein hoff athro (nad oedd byth yn gofyn i ni pam roedden ni am fenthyg paent), a threulio pnawn cyfan yn paentio dros y murlun-o-byrcs, neu yn hytrach dros eu hwynebau – nid eu bronnau – â phaent pinc, trwchus, tra oedd y tramgwyddwyr i gyd mewn gêm rygbi. Fe wnaethon ni adael cyrff y menywod yn ddi-baent am ryw rheswm; gan longyfarch ein hunain ar y weithred athrylithgar hon maes o law, oherwydd heb eu hwynebau roedd y noethni yn edrych yn hollol grotésg ac anifeilaidd, fel y dylai. Ac oni bai am y smotiau o baent pinc a oedd wedi glynu ar fy nghot nefi blŵ, fe fyddai hon bron wedi bod yn drosedd berffaith.

Felly dyw hi ddim yn syndod, wedi'r holl hw-ha, ac wedi i'r bechgyn stripio'r wal a phwdu, bod 'na ffin haearnaidd wedi ei chodi rhyngddon ni a nhw. Cawn ein hadnabod fel y dair *sphinx* – (chwedl athro arall amdanon ni, am ein bod yn gwbl fud yn ei ddosbarthiadau, yn rhythu arno gyda rhyw rym dinistriol) a dechreuwn ymfalchïo yn y syniad ein bod ni, rhywsut yn enigma, rhywsut yn amhosib ein deall.

Ac er na allwn yrru eto, mae 'na wastad fws all ein tywys ni ar benwythnosau i'r llefydd lle – yn y mwrllwch myglyd, i gyfeiliant gitârs ac allweddellau – rydyn ni'n dechrau ymffurfio i fod yn rhywbeth arall, ni amheuwyr-yr-heuwyr. Gallwn wisgo ein harwahanrwydd fel bathodyn balch. Rydyn ni'n cysylltu â rhywbeth sy'n gynhenid ynddon ni, rhyw ysfa i ail-greu ein hunain yn y niwl. Mewn man lle nad oes neb yn cwestiynu'r pethau rhyfedd rydyn ni'n benderfynol o'u gwisgo o gylch ein gyddfau: chwiban ar raff amryliw, esgid baban ar ddarn o sidan gwyn, allwedd hen dad-cu sydd tu hwnt i ddefnydd. 'Na pham fy mod i'n mynnu cario dictaffon i bobman – fel y gall y tair ohonon ni wrando eto ar gacoffoni ein hieuenctid ar ddiwedd y nos, y tâp bregus a fydd, heb yn wybod i ni, yn troi'n adnodd hollbwysig mewn amser, am iddo ddal hudoliaeth y cyfnod cyn i goleg ac oed ac amser ddwyn ein hacenion Teifi-drwchus. Y tâp oedd yn profi taw hambons oedden ni, wedi'r cwbl.

Ac yn y llefydd hyn rydyn ni'n cwrdd ag eraill sydd ar grwydr, yn teimlo nad ydyn nhwythau chwaith yn ffitio yn eu hysgolion nhw; a gyda'n gilydd rydyn ni, drwy ryfedd wyrth, yn creu ein criw ysgol amgen ein hunain. Rydyn ni'n ymwahanu yn ystod y nosweithiau hynny, fi a N a L, yn hytrach na glynu wrth ein gilydd fel rydyn ni'n ei wneud yng nghoridorau'r ysgol; yn creu hunaniaeth nad yw'n ddibynnol ar fod yn rhes unffurf fel doliau papur, ac mae'r bylbiau coch ac oren a melyn uwch ein pennau ym mhob gig yn gwneud i ni sy'n 'fyrion er yn fyrrach' (chwedl N mewn englyn a sgwennodd i mi ddegawd wedi'r cyfnod hwn) deimlo'n hyderus, yn dalsyth, yn gyfrin; yn wahanol i'n gilydd. Ac mewn gigs o'r fath y daw N o hyd i'w chriw hi ymhlith llwyth afieithus, dramatig Rhydfelen, ac fe ddaw bechgyn swil-ond-hyderus Bro Myrddin i heidio at L fel magned, ac mi ddof i o hyd i eneidiau hoff cytûn ymhlith criw Maes-yr-Yrfa, sydd â'u harwyddair 'Cofia Ddysgu Byw' fel petai'n fflachio'n neon llachar uwchben pob tafarn yng Nghwm Gwendraeth.

Ac ar un noson felly, fe gwrddais hefyd â dwy ferch o Abertawe, H ac E, yn un o gigs Cymdeithas yr Iaith yn y Moonraker, Llanelli. Yr oedd ei enw rhaca-o-loer yn nodweddu'r clwb i'r dim, gan na fedrai neb weld ei gilydd yn iawn yn yr arian tenau fyddai'n cael ei wasgaru gan y bêl *glitter* doredig, ac roedd llai fyth o olau ar y bws mini a fyddai'n ein tywys adref. Cipiais fflachiadau o liwiau fy ffrindiau newydd wrth basio heibio ambell bentref ar y ffordd gartre, y lampau stryd yn datgelu bod gan un wallt hir ysgarlad a'r llall â gwallt melyn tywyll, fel mêl y grug. Cafwyd digon o oleuni i sgriblo cyfeiriad ar bapur, a hynny mewn stecs o finlliw yng ngwawr melyn fy *lighter*, a heb feddwl rhyw lawer am y peth, fe gysylltais â'r ddwy dros linell-ffôn-ddaearol rhyw wythnos wedyn, a'u gwahodd i ddod i aros. Ac ymhen dim roeddwn yn sefyll dan olau llachar ar blatfform lle roedd popeth yn gwbl weledol; yn aros i gwrdd â'r merched yma y des i'w hadnabod mewn düwch. Ac os oedd 'na swildod neu ansicrwydd ynglŷn â'r hyn roeddwn i'n ei wneud, wrth fynd i gwrdd â'r merched roeddwn i prin-yn-eu-hadnabod a phrin-wedi-eu-gweld, yna dwi'n cofio dim am hynny; dim ond cofio camu'n dalog ymlaen atyn nhw a gweld eu hwynebau'n iawn am y tro cyntaf, a sylweddoli nad oedden nhw'n dywyll go iawn ond yn olau. Fel yr heulwen.

Ac felly mewn ychydig oriau, roedd ein cyfeillgarwch

wedi datblygu o'i ddechreuadau mini i faint llawn, yn bum deg dau o seddi, wrth i ni fyrddio bws arall y tro hwn i gig Dolig y Gymdeithas yn Aberaeron. Ac roedd 'na ryw falchder ynof wrth i ni wibio gartre y noson honno, nid yn unig bod modd i ni weld ein gilydd yn gwbl glir yn *strip lights* Lewis Rhydlewis, ond y gallwn hawlio rhyw *street-cred* (neu *field-cred*) trwy gynnig llety i'm ffrindiau dinesig, yn nwfn yn fy rhan i o gefn gwlad, yn hytrach na'u gorfodi i fynd 'nôl bob cam i Abertawe.

Yr abwyd i'w cael i aros, wrth gwrs, oedd brolio bod fy nghartref ar *route* y bws 'nôl o'r gig. Neu fe ddylai fod, o leiaf. Byddai N yn cael ei gollwng y tu allan i'w chartref yn Ffostrasol, a byddai tad L yn dod i Landysul i'w nôl, yn ddibynadwy fel cloc. Ond roeddwn i wedi brolio wrth fy rhieni na fyddai angen lifft gartre arnon ni, gan y byddai'r bws yn mynd heibio Penrhiw-llan. Doedd hynny ddim yn gyfan gwbl gywir, wrth gwrs, fe allai, yn dechnegol, fod ar y ffordd gartre, pe bai'r gyrrwr eisiau mynd ychydig filltiroedd, ychydig hewlydd troellog, ychydig funudau trafferthus allan o'i ffordd, a sgathru'i ochrau hufen ac oren ar y cloddiau miniog. Ond doeddwn i ddim wedi esbonio hynny i'm ffrindiau newydd. Fe fyddai esbonio unrhyw beth fyddai'n awgrymu cymlethdod yn ormod o risg. Doeddwn i ddim eisiau iddyn nhw feddwl bod cefn gwlad yn gymhleth mewn unrhyw ffordd. Yn hytrach, ceisiais roi'r argraff fod y lonydd dirifedi yn gysylltiedig â'i gilydd yn yr un ffordd â thraffyrdd-dinas-Huw-Chiswell, i gyd yn arwain at yr un man yn y pen draw.

Rydyn ni ar y bws. Y bws sy'n bopeth. Dyma fe'n dod, i lawr drwy'r pydew o niwl yn Ffostrasol, ei ddwy lygad fel gemau claer, ei olwynion yn hollti'r nos. Sêr yn ffrydio o dan ei olwynion, a'r arian byw hwn yn ymledu nes troi'n greaduriaid a phlanhigion a thrychfilod.

Clasur hufen ac oren Lewis Rhydlewis ydyw; yn mynd fel cath i gythraul; fel petai 'na ddim fory i'w gael. I ddweud y gwir, fe fyddai pawb ar y bws yn fwy na hapus pe na bai'r un diwrnod arall yn dyfod i'n rhan, petai modd i ni fyw mewn stad wastadol o heno. Achos mae heno'n berffaith.

Rydyn ni wedi pasio Bwlch-y-groes, lle mae ysbrydion fy ieuenctid yn dal i alw arna i o gysgodion y fynwent. Dwi'n mynd ymlaen i siarad â'r gyrrwr, i wneud yn berffaith siŵr ei fod yn deall y dril. Daw'r ateb yn ddigon pendant a styfnig wrtho: "na, so i'n mynd â'r bỳs lawr yr hewl gul 'na amser 'ma o'r nos." Dwi'n gwybod yn well na dadlau gyda gyrrwr bws o Orllewin Cymru achos driodd N wneud hynny unwaith ar hewl anghysbell yn Rhos (ar noson lle dwi a L yn argyhoeddedig hyd heddiw ei bod hi'n gwisgo siwt wen, fel y dyn o Del Monte, er ei bod hi'n mynnu na fu'n berchen ar y fath ddilledyn erioed), ac fe wnaeth y gyrrwr hwnnw fygwth gadael iddi gerdded ugain milltir gartre ar ei phen ei hunan. Felly, dyma siarsio fy ffrindiau newydd i baratoi i adael y bws yng Nghroes-lan, rhyw filltir o ble rwy'n byw. Ac yn sydyn iawn dyma deimlo embaras i mi wahodd y ddwy ferch ddinesig, *streetwise* yma i aros gyda fi a nawr dwi ddim hyd yn oed yn gallu mynd â nhw at ddrws y tŷ. Rydyn ni ynghanol yr anialwch, a finnau'n ferch ddi-glem, un ar bymtheg oed, ddim hyd yn oed wir yn *fieldwise*.

Y bws oedd popeth, a nawr mae'r bws wedi mynd.

A rwy'n meddwl am eiliad, mai dyma ni, fe fydd y cyfeillgarwch newydd 'ma – fy holl frolio am fy ffrindiau 'newydd' tu hwnt i ffiniau Dyffryn Teifi ("Ti'n casglu nhw fel ma rhai pobl yn casglu stampiau," yn ôl M), bydd hynny i gyd ar ben nawr. Fe fyddan nhw'n mynd 'nôl i Ysgol Gyfun Gŵyr y tymor nesaf gan ddweud faint o drag oedd yr orig ddidacsi, dileuad oer, yn ymestyn am filltir gyfan o'u blaenau. A faint yn fwy fydd eu gwerthfawrogiad o'r goleuadau fil ar strydoedd Abertawe, yn tywynnu'n fendithiol dros Heol Tavistock a Stryd Hanover, lle mae un ohonynt, E, yn rhedeg *fanzine* o'r enw *Letys*. Does neb yn ein hysgol ni'n ddigon cŵl i fod yn gyfrifol am *fanzine* ond eto dyna mae E yn ei wneud, er mai ond pedair ar ddeg oed yw hi, gan greu'r holl beth o'i stafell wely gyda phapur, llungopïwr a styffylwr. Mae gwybodusion y sin yn gwrando ar farn E, y ferch bedair ar ddeg oed hon – achos mae ganddi hyder distaw ei hun, rhyw rym tanllyd, sydd eisoes wedi ei ensynio gan y canopi o wallt coch. Does ond rhaid i E ddweud un peth beirniadol am fand Cymraeg ac fe fydd e'n ddigon i anfon y prif ganwr i lefen mewn cornel. Ac mae'r academyddion yn gwrando hefyd. Yn ddigon ymwybodol ohoni i roi darn o'r *fanzine* mewn arholiad Cymraeg. A phan dwi'n eistedd, ychydig flynyddoedd wedyn, i ymgeisio am ysgoloriaeth i Brifysgol, dwi'n rhyfeddu bod un o'r cwestiynau yn gofyn i mi drosi geiriau E i mewn i Gymraeg 'safonol'. Mae'r peth yn fy nhaflu oddi ar fy echel, wrth feddwl am fy ffrind yn creu ac yn styffylu a llungopïo yn llawn angerdd ac asbri, dim ond i gael academydd yn ei defnyddio fel ymarfer ieithyddol i'w osod o 'mlaen i fel hyn. Ac o ganlyniad does gen i fawr o awydd ymdrechu yn yr arholiad arbennig hwnnw.

Ac mae H wedyn; y ferch arall y dois o hyd iddi ar fympwy,

mae hon ar fin cael ei gwau mor dynn i batrwm fy mywyd fel na fyddaf yn gallu dychmygu fy mywyd hebddi. Dwi ddim yn cofio a oeddwn i'n gwybod hyn o'r dechrau – y byddai yn un o ryfeddodau pwysicaf, disgleiriaf fy mywyd; fel gem a fwyngloddiais o'r nosweithiau hynny a'i chadw'n agos wastad, gan wybod bod iddi ryw rinwedd gadarn, parhaol. Wrth gwrs, nid yw hynny'n wir bob amser am gyfeillgarwch a ffurfiwyd ar hap yng nghefn bws, ond roedd e'n wir am H. H am yr hafau. H am yr hwyl. H am hyd heddiw.

Ond dwi ddim i wybod hynny eto. Achos mae gymaint o bobl yn dweud mai fel arall fydd hi, mai ffrindiau 'dros dro' sydd gen i; a dwi'n dechrau credu taw stampiau bach ydyn nhw ac y byddan nhw'n cael eu chwythu i ffwrdd yn y gwynt. Drioch chi chwilio am stamp yn y gwyll erioed?

A dyma ni nawr, fi a H ac E – cyn bod pethau fel arholiadau, na phrifysgol, nac academyddion yn ein poeni – yn troedio'n ansicr ar groesffordd yng Nghroes-lan. Ac yn fy methiant i rolio'r noson allan fel carped coch, moethus i fy ffrindiau newydd, dwi'n teimlo fod y cyfan wedi darfod yn rhy gynnar. Y golau a'r ynni wedi diffodd.

Ond dyw e ddim. Megis dechrau mae e. Achos iddyn nhw, mae hyn yn ecsotig. Mae'r düwch yn rhywbeth y gallant hyrddio eu hunain iddo ar gopa'r bryn, gan wyro i'r troad yn ysgafndroed – y troad sy'n ymddangos yn rhy beryglus i fws droi i mewn iddo yr adeg yma o'r nos, darn o hewl sydd mor beryglus dyw e ddim yno mwyach. Mae'r mynediad iddo wedi cael ei symud a'i ail-greu, a tharmac wedi ei osod rhyngdda i a fy ngorffennol, fel pe bai rhywun yn benderfynol o symud fy atgofion o gwmpas fel props ar lwyfan. Arhosfan bws sydd yno nawr, un gwawdlyd, tryloyw; fel petai'n cadarnhau yr hyn ddywedodd y gyrrwr wrtha i rhyw bum mlynedd ar hugain ynghynt, mai arhosfan oedd hwn: nid lle i symud ymlaen.

Dyw H ac E ddim yn becso nad oedd modd i'r bws droi i lawr yr hewl hon, cyn belled â'u bod nhw'n cael mynediad iddi. Mae cael gwared â'r bws, camu i'r nos ar eu pennau'u hunain yn brofiad; "ydw i'n gwbod pa mor amheuthun yw hynny?" maen nhw'n gofyn. Efallai na ddefnyddiwyd y gair amheuthun, ond am gyfnod yn f'arddegau, roedd yn un o fy hoff eiriau. Roedd popeth yn amheuthun.

"Mae hi'n amheuthun," meddai H ac E, gyda swigen fach yn ymffurfio wrth eu cegau yn nofel graffeg fy nghof, "cael bod mas yn y nos fel hyn! Ar ein pennau'u hunain!" Camu i'r man lle mae modd rhyfeddu at yr awyr dywyll, mewn ardal lle nad yw'n fygythiad. "Mae hi mor dywyll," meddai un ohonyn nhw wedyn ac alla i ddim cofio pa un wnaeth yngan y gwirionedd hwn, gan nad oedden ni'n ddim byd mwy na lleisiau erbyn hynny. Ein hwynebau wedi llithro i ffwrdd. "A ni sydd wedi cael y profiad gorau," rydyn ni'n dweud wrth ein gilydd, nid y gigwyr bach eraill 'na sy'n taranu ar hyd yr hewl i Landysul, nid yr ioncs wnaeth drio ymestyn y noson fel *strip-lighting* bws Lewis Rhydlewis. Nyni a dorrodd yn rhydd; i deyrnas tywyllwch.

Ac mae H yn troi ei phen i fyny i syllu, ac yn pwyntio at y clytwaith clir o sêr uwch ein pennau: cytserau Cassiopeia, Cepheus, Perseus ac Andromeda; y dirgelion, dywed, nad oes modd eu gweld ynghanol Abertawe ar noson fel hon. A dyna'r tro cyntaf i mi ystyried y gallai golau a chyfleusterau fod yn fwrn. Ac wrth i H barhau i synfyfyrio ac wrth i E a minnau ymuno, rwy'n sylweddoli – er fy holl bregethu a'r difaru fy mod yn byw yn y man anghysbell, cysglyd yma, lle nad oes yr un bws yn fodlon mentro iddo, tra'u bod nhw'n byw mewn dinasoedd lle mae'r bysiau rif y gwlith – er gwaethaf hyn oll, rwy'n gwybod bellach 'mod i'n byw mewn lle rhyfeddol. Ac yn nyfnder nos, ar hewl dywyll rhwng Penrhiw-llan a Chroes-lan, rydyn ni fel pe baen ni wedi dod o hyd i le nad yw wedi ei fapio eto, lle gallwn ni, anturwyr y nos, ei goloneiddio ein hunain. Ac mae hi fel petai'r holl sêr uwch ein pennau'n dadlennu map i ddangos ein bod ar y llwybr cywir at ein gilydd erioed, ac nad oedd angen y bws arnon ni o'r dechrau'n deg.

●

Pam tybed, ddegawdau wedyn, ydw i'n dal i feddwl am y noson honno? Am filltir mewn tywyllwch, yn hytrach na'r gig ei hun neu'r ystôr o oriau o hwyl a ddaeth i'n rhan wedyn, yng ngolau dydd? Pam canfod fy hun, drosodd a throsodd, o dan leufer y cytserau, bob amser yn y presennol ar y ffordd droellog honno, yn methu ei gydnabod fel gorffennol, rhywsut?

Ai am mai yn y symlrwydd hyn roeddwn i hapusaf? Neu am mai nosweithiau yw pensaernïaeth ein harddegau; am nad ydi golau yn dal yr un hudoliaeth, na'r un cyffro?

Beth yw unigolyn, wedi'r cwbl, ond atomau ac arwyddion o olau, yr un math o berthynas sydd rhwng y ddaear a'r sêr? Onid rhyfeddod mawr ein hunigolyddiaeth yw nad ydyn ni'n unigryw, wedi'r cwbl, nac yn od, nac yn wahanol, ond megis yn ddisgynyddion i'r anifeiliaid a'r planhigion a phob peth byw sydd o'n hamgylch? Ac yno, yn ddu bitsh ddi-wyneb, heb hunaniaeth, yn cerdded ar hyd y tir hwnnw, gyda thrychfilod ac anifeiliaid a bywyd gwyllt na allen ni eu gweld o'n cwmpas ym mhob man, rhywsut doedd dim gwahaniaeth rhyngon ni a'r cloddiau a'r cysgodion. Nid oedd y biliynau o sêr uwchben yr hewl dywyll yng Nghroes-lan yn ddim gwahanol i'r biliynau o niwronau yn ein hymennydd oedd yn fflachio ac yn tanio am yn ail. Yn y foment honno, yn ein rhyddid, ni oedd natur ei hun, yn ddim byd mwy, yn ddim byd llai, nag un o'r arabesgau o ffurfiau sy'n gwneud y byd mor rhyfeddol, ac yn rhoi graddfeydd gwahanol i dywyllwch.

Ai yn y fan honno y mae man cychwyn y person rwy'n ei ystyried yn fi fy hun? Rwy'n sicr taw yng Ngheredigion, dan y lloer a'r sêr, y des i fodolaeth. Pe bai modd i mi arnofio uwchben yr hewl honno fel drôn, fe welwn fy hun yn glir fel cymeriad mewn sawl man ar ei hyd; yn y dybl bygi gyda 'mrawd yn yr oriau mân wrth i'n tad ein gwthio'n ôl ac ymlaen am bump y bore, neu'n eistedd yn fy mhlastr yn Llwynhelyg, y tŷ oedd yn galon i'r pentref, yng nghôl Tan (Hettie Anne) yn y man lle rhyfeddais yn ddyflwydd oed at yr holl fynd a dod, heb wybod eto fod 'na fyd y tu hwnt i'r pentref hwn. Ac yn uwch i fyny eto, yng Nghapel Gwernllwyn, dyma fi yn rhedeg rhwng y cerrig beddau, neu'n chwarae 'mhiano mor frwd yn y Festri yn y gwasanaeth Dolig yn ddeuddeg oed, nes fod yn rhaid i Mam ofyn i mi stopio, am fy mod wedi colli trac ar amser. Wedi colli gymaint o drac ar amser nes fy mod ar amrantiad yn un ar bymtheg oed, yn cerdded a chanu mewn tywyllwch gyda ffrindiau newydd ar dop rhiw Croes-lan, lle mae asbri fy arddegau wedi ei rewi mewn amser; a bws rhithiol fy atgofion yn stopio o hyd.

Ac er bod y troad wedi mynd, dyma i mi o hyd yr hewl lle dechreuais fapio fy nyfodol gyda'r rheiny-a-fu a'r rheiny-a-fydd, hewl nad oes modd gweld ei mawredd ond drwy ddrôn amser, gan nad oedd neb yn dyst i'w phosibiliadau ar y pryd ond am y sêr, a amsugnodd yr holl atgofion i'w goleuni ac sy'n dal, bob hyn a hyn, i'w taflu'n ôl fel llwch aur i'm llygaid.

9

Lleuad Dywyll

Mae'r goleuni yn pylu. Cyfnod byr iawn yw hwn, lle nad oes modd i'r un dafn o olau haul uniongyrchol gael ei adlewyrchu o'r lleuad tuag at y ddaear.

Dyma'r unig gyfle a gawn i ddad-loerio. Ac i ystyried sut le fyddai'r byd petai'r 'taro mawr' heb ddigwydd. Byd lle y gwibia'r corff seryddol hwnnw a elwid unwaith yn Theia, heibio yn chwim a dirwystr, heb wyro i lwybr ein proto-blaned ni.

Sut le fyddai'r byd dileuad? Byd lle na fyddai ein nosweithiau yn amrywio, lle byddai'r dudew o ansawdd dyfnach, arfordir lle byddai yna donnau distewach a glannau lle na fyddai'r ewyn yn cynyddu nac yn cilio gyda'r un angerdd? Byd lle na fyddem erioed wedi gweld y rhyfeddod hwnnw o gysgod enfawr yn pasio heibio wyneb yr haul a diffodd golau y byd. Lle na fyddai torfeydd o bobl erioed wedi profi'r rhyfeddod hwnnw drwy eu sbecs cardbord yng Nghernyw yn 1999, na chriw bach ar falconi yng Nghwm Gwendraeth wedi profi'r siom o ddiffyg-ar-y-diffyg, am na ddaeth fawr o gysgod i'w rhan yn y fan honno, heblaw am lwydni trwm eu *hangovers*.

Yn ein byd rhyfedd, dileuad, ni fyddai 'na gylchdro i'n bywydau, ar wahân i'n tymhorau, a heb y lleuad i'w hangori, pethau gwyllt, anystywallt fydden nhw. Fe fyddai'r sêr yn dal i fod yno, a'r cytserau powld yn dal i ddisgleirio, yn dal i arglwyddiaethu. Fe fyddai seryddwyr, mae'n debyg, wedi datrys dirgelion y cosmos yn llawer haws, neu'n llawer cynt, heb ymyrraeth y corff a fu mor seryddol anniddorol iddyn nhw.

Onid oes prydferthwch yn y daith i ddarganfod? Mewn peidio cael yr atebion yn rhy hawdd? Oni roddodd y lleuad i ni ei theorïau ei hun, ers cychwyn amser, oni roddodd i ni syniadaeth, athroniaeth, ofergoelion a dychmygion, yn ogystal â gwyddoniaeth a ffeithiau?

Beth fyddai ein *Un Nos Ola Leuad* ni, mewn oes ddileuad? Heb y golau rhyfedd hwnnw a roddodd y fath naws i ddirgelion y pentre, a daenodd ei hun yn denau dros y Llyn Du? A ddyrchafodd weithredoedd Gres Elin Siop Sgidia a Ffranc Bee Hive yn y gwyll?

A beth am Guto'r Teiliwr yn *Lleuad yn Olau*? Ni fyddai erioed wedi camu i mewn i gylch y tylwyth teg ar noson loerlawn a cholli canrif o'i fywyd. Ni fyddai erioed wedi profi'r wefr o ddawnsio'n ddi-hid mewn cylch o oleuni a wnaeth iddo anghofio pob dim, hyd yn oed ei enw ef ei hun.

Ennyd o amser yw lleuad dywyll, y ffin rhwng y naill beth a'r llall. Dim byd. Neu bopeth. Cyfle i ystyried pethau'n wahanol.

I weld y diffyg, er mwyn gwerthfawrogi'r llawnder drachefn.

Ad Astra[5]

DYCHMYGAIST DI HYN, Silas? Pan sgwennaist ar ddalen wen dy 'awgrym bach caredig… (g)wylaidd a gostyngedig', y dylai'r Eisteddfod Genedlaethol roi lle blaenllaw i Seryddiaeth yn ei rhaglen?[6] Y byddwn innau yn ei ddarllen ar noson ddi-loer yn ystod wythnos y Steddfod-na-fu, ynghanol fy *Lloerganiadau* fy hun? Wrth i ti sgwennu dy magnum opus *Seryddiaeth a Seryddwyr* – y testun a gafodd ei ddiystyru fel ymgais i'r Fedal Ryddiaith yn 1920 am nad oedd yn *belles lettres* – a ddychmygaist di y byddwn i, gan mlynedd i'r dyfodol, yn adnabod y *belle* ynddi, yn tincial fel sêr? Yn gweld harddwch pur dy ymdrech i gysylltu Cymru fach â'r bydysawd mawr o'i chwmpas, i wneud iddi syllu ar fogel y ffurfafen, yn hytrach na'i bogel hi ei hun?

A wnest ti fy nychmygu i erioed, Silas, y person na fyddai'n bod am ryw chwarter canrif wedi i ti ymadael â'r byd hwn, yn camu i'r adwy? Neu'n hytrach yn arnofio iddo, yn fy siwt ofod ddychmygol, wyneb i waered, fel Barbarella?

Wrth syllu allan o furiau dy gartref yn Aberystwyth, yr hwn a fedyddiwyd gennyt yn *Ad Astra* fel na fyddai modd i neb groesi rhiniog y drws heb iddyn nhw wybod faint o feddwl a oedd gen ti o'r sêr, go brin y dychmygaist y byddwn i, y groten

---

[5] Enw cartref Silas Evans yn Aberystwyth: term Lladin am 'I'r Sêr'.

[6] *Seryddiaeth a Seryddwyr*, Silas Evans, (William Lewis: 1923), tud. 31

o'r ysgol ar y bryn, nid nepell o'r fan hon, wedi byw â hen arwyddair Ysgol Ramadeg Llandysul – *sic itur ad astra* – yn canu fel cloch yn f'isymwybod am ddegawdau, er mai 'oni heuir, ni fedir', oedd arwyddair fy oes i. Nid nes i mi groesi trothwy fy neugain oed, a darllen amdanat ti, y deallais arwyddocâd hynny, a deall nad trosiad yn unig oedd teithio tua'r sêr.

Ti, Silas, a wnaeth i mi sylweddoli yn ystod y foment honno, er gwaetha'r ffaith mai pobl y ddaear, pobl y tir, y bobl oedd yn hau, oedd fy mhobl i, nad oedden nhw wedi gorfod diosg na diystyru yr uchelgais i deithio tua'r sêr, am fod y sêr yn eiddo iddynt mewn ffordd nad oedden nhw i bobl y trefi a'r dinasoedd, a'u cymylau ffug, oren o oleuni. Ac roedd 'na reswm, felly, pam na fedrai athrawon Dyffryn Teifi roi'r gorau i bwysleisio'r hen arwyddair Lladin, er i ni ei gyfnewid am un arall. Roedd yn rhan o wneuthuriad ein cornel fach ni o Gymru, yn rhan o'n tywyllwch amheuthun a deimlen ni oll. Tywyllwch yr oedd statws iddo. Yr oedd rhywbeth arbennig yn ei gylch. Ai dyna a deimlaist di, ym Mhencarreg, yn dy lencyndod? I ti ymhél â'r sêr a rhyfeddodau'r gofod am i ti allu eu gweld mor glir, o'r dechrau?

Er na allet ti, Silas, fod wedi fy nychmygu i'n darganfod y llyfr hwn, a'i ddefnyddio fel modd o syllu'n ôl ar nosweithiau serog, lloerig, yn ystod hanner cyntaf fy mywyd yng Ngorllewin Cymru, efallai nad oeddwn yn gyfan gwbl y tu hwnt i rywbeth y medret ti ei ddychmygu chwaith. Hanner canrif i'r dyfodol, doedd Penrhiw-llan, ac eithrio ambell dŷ, ddim wedi newid fawr ddim. Ni fyddet wedi synnu wrth fy ngweld ar sil y ffenest yng Nghartrefle yn ymgomio â'r lloer; anoddach fyth fyddai dychmygu rhywun fel Jane Fonda yn cerdded i'r stafell wedi'i gwisgo fel Barbarella, a'i llong ofod, dyweder, wedi dryllio yn Llanybydder. Anos fyth, wedyn, fyddai i ti ddychmygu na fyddai anturiaethau arwres y ffuglen hon yn ffrwyth ffantasi'n unig ond yn ymateb i'r pethau cyffrous hynny a oedd yn digwydd yn y gofod ar y pryd – gydag Yuri Gagarin yn myned i'r gofod lai nag wyth mlynedd wedi i ti farw, a Jane Fonda yn derbyn yr alwad i fod yn ofodwraig ddychmygol ar yr unfed-blaned-ar-bymtheg Tai Ceti rhyw saith mlynedd wedi hynny. A'r Mercury 13, wedyn – y menywod gobeithiol hynny na roddodd NASA ganiatâd iddyn nhw fod yn ofodwragedd – yn darganfod mai eu ffawd nhw oedd parhau fel rhyw Barbarellas-o-bethau, er gwaethaf gwirionedd eu huchelgais, a'u gallu.

Roeddwn o fewn posibiliadau dy fyd di, Silas; er nad oeddwn yn bodoli eto. Achos dyna'r peth am lyfrau; bydoedd ydyn nhw i fyned iddyn nhw ac i'w hanturio ar unrhyw adeg. A galluogi pobl nad ydyn nhw fyth am gwrdd i gyffwrdd â'i gilydd. Ystyr arall i *sic itur ad astra*, wrth gwrs, yw llwybr at dragwyddoldeb. Ac wrth ymwneud â'r gofod, wrth ymwneud â'r sêr tragwyddol, wrth sgwennu dy eiriau, a'u gosod o fewn y cloriau caled hyn, roeddet yn ymestyn dy fywyd, Silas, ymhell, bell y tu hwnt i'w derfynau.

Fe'n magwyd ni ychydig dros ddeuddeg milltir oddi wrth ein gilydd, mewn oesoedd gwahanol. Tithau, ym Mhencarreg yn syllu ar y sêr o dy ardd gefn, a minnau ar sil fy ffenest ym Mhen-rhiwllan, ac yn Llandysul wedyn, yn edrych i fyny ar yr un lloer yn hollti'n ddwy dros Sir Gâr a Cheredigion, fel pe baen ni bron, bron iawn, yn perthyn i'r un cyfnod. Ac onid yw Pencarreg, fel Llandysul, yn rhyw fath o dir neb rhwng y naill sir a'r llall? Onid ein ffawd ni'n dau oedd, er i ni deithio a gweithio a byw mewn llefydd gwahanol ledled Cymru, i ni barhau mewn stad oesol o gwestiynu ai Sir Gâr neu Geredigion oedd wir yn ein hawlio? Onid oedden ni'n dau yn rhyw nifylau cosmig, yn llenwi'r man hwnnw rhwng y naill beth a'r llall fel y gwna'r gofod amwys rhwng y sêr?

Wedi'r cwbl, fe dreuliaist di y rhan helaeth o dy fywyd yn Aberystwyth, lleoliad fy *alma mater* i, a hynny, yn ôl y sôn, er mwyn bod yn agos at y Llyfrgell Genedlaethol. A fy nghip cyntaf i o'r Llyfrgell Genedlaethol oedd ar y noson i mi ganfod fy hun yn sownd, wyneb i waered ar reid yn yr honedig 'ffair bleser' pan aeth rhywbeth o'i le ar y peiriannau. A fûm i erioed yn fwy ymwybodol o ddisgyrchiant na'r noson honno, pan fu'n rhaid i minnau a'm cyfeillion hongian yno am oriau, nes cael ein torri'n rhydd gan y gwasanaeth tân? Yn hongian fel gofodwyr abswrd, rhyw ugain troedfedd o'r llawr? Gan biffian chwerthin fy mod wedi cymryd arwyddair yr hen ysgol ramadeg ychydig ormod o ddifri? A hyd yn oed wedi i mi gael fy nhroi'n ôl yn unionsyth gan yr ymladdwr tân, eto fe gymrodd rai dyddiau cyn i'r persbectif hwnnw ddiflannu. Roeddwn wedi gweld y Llyfrgell Genedlaethol wrth hofran yn yr aer; a phwy arall fedrai hawlio hynny? Heblaw am y profiad hyn, efallai na fyddai'r sefydliad hwnnw wedi ymddangos fel gymaint o ryfeddod i mi: wedi ei oleuo fel rhyw long ofod enfawr, yn llawn addewid o'r bydoedd y gallwn eu darganfod ac y gallwn eu creu.

Annheg braidd yw i farwolaeth dynnu ei len rhyngot ti a dy bwnc. Ac i minnau gael bod yn dyst i'r datblygiadau, heb gymryd fawr ddim diddordeb ynddyn nhw nes cael fy neffroad yn ddeugain a dwy oed. Onid oes angen bywyd tragwyddol arnon ni i ddeall seryddiaeth yn llawn, gan na allwn fyth wybod, wrth syllu i fyny i'r nefolion, beth yw ei ben draw? Pa obaith fyddai gen ti o ddychmygu Janey Hart, Christa McAuliffe, neu Samantha Cristoforetti, gan nad oeddet wedi byw'n ddigon hir i weld Yuri Gagarin yn

cyrraedd yr entrychion hyd yn oed? Fe safodd rhywun ar y
lleuad, Silas, allet ti fod wedi rhagweld hynny?

Ac eto wrth chwilota yn y *Gwyddoniadur*, gwelaf nad
wyt ti yno. Mae'r bywgraffiadau ohonot oll yn rhai byrion.
Ai ôl-nodyn mewn hanes oeddet ti, Silas, am i ti feddwl yn
ehangach na'r Cymro arferol? Y bychan fyd, wedi'r cwbl, sydd
wrth fodd y Cymry; y pethau sy'n perthyn i ni'n unig, sydd
fel petaen nhw'n dweud wrthym pwy ydyn ni. Onid yw'r sêr
yn dweud hynny wrthym ni hefyd? Oni wnest ti ddatgelu yn
dy lyfr bod cromlechi yr hen Gymry wedi eu hadeiladu ar
gynllun seryddol? Ac onid am yr un rhesymau yr arhosais i
ar fy nhraed drwy'r nos yn Ystrad Fflur am i mi glywed i'r
Arglwydd Rhys gynllunio ei abaty yn ôl symudiadau'r haul,
fel y byddai'r wawr yn rhoi rhyw sêl bendith i'n diwrnod
cenedlaethol? Roedd 'na addewid yno'n rhywle yn ein hanes,
y gallen ni ganfod gobaith uwch ein pennau pan oedd yn
diflannu o'r tir, ac y medrai'r sêr a'r ffurfafen ein huwcholeuo,
gan wneud i ni ymhyfrydu yn ein llewyrch ni ein hunain.
Pan ddychmygodd yr Arglwydd Rhys yr haul yn taro Abaty
Ystrad Fflur ar fore Gŵyl Dewi, gwelodd ei fwriad yn glir;
gallu rhoi goruchafiaeth i'n hunaniaeth, a gweld y bydysawd
a'r cread yn cydsynio. Doedd dim angen aros i ddiwylliant, na
hanes, na gwleidyddiaeth i roi hynny i ni pan allai'r ffurfafen
ein breintio – y ffurfafen a oedd yn eiddo i bawb, ledled y byd
ac a oedd yn ystyried Cymru'n gyfartal. A hyd yn oed nawr;
hyd yn oed â'r freuddwyd yn deilchion a'r Abaty'n adfeilion,
fe wyddai'r Arglwydd Rhys na fyddai dim yn rhwystro'r haul
rhag dychwelyd, ac y byddai pob Gŵyl Ddewi'n olau, yn y fan
honno. A thra bod 'na belydryn o olau: mae 'na obaith.

Ac fe wyddet ti hynny hefyd, Silas. Fe wyddet, hwyrach, fod
yn rhaid i ti sgwennu *Seryddiaeth a Seryddwyr* yn yr un modd

ag ydw i wedi teimlo'r rheidrwydd i sgwennu'r llyfr hwn. I ti, roedd yn orfodaeth, i mi, roedd yn wahoddiad a drodd yn orfodaeth; ond yn yr un man yr oedden ni'n dau erbyn y diwedd. Roedd yna bethau i ti deimlo ar dân am eu rhannu, cyn iddyn nhw fynd yn angof. Darganfyddiadau a ffeithiau y gwyddet y byddet yn difaru peidio â'u rhannu â'r byd; hyd yn oed os y byddai canrif yn gwibio heibio cyn i'r Barbarella hon ffoli arnyn nhw.

Drwy lens dy ddysg di, Silas, y dois i wybod mai'r tro cyntaf y cafodd y sêr eu harsylwi drwy delesgop yng Nghymru oedd yn Nhrefenty, gan Syr William Lower a John Prydderch, rhyw ddeng milltir o fy nghartref presennol, a hynny yn union ar yr un adeg ag y bu i Galileo syllu arnynt yn yr Eidal yn 1609. Ac wrth ymchwilio ymhellach, dyma ddarganfod i'r lens gael ei hanfon at William Lower gan Thomas Harriot, y person cyntaf erioed i greu cofnod telesgopig o'r lleuad, cyn Galileo hyd yn oed. Ac er y bu cryn drafod am ddilysrwydd hynny, ai Galileo neu Harriot oedd wedi darlunio'r lloer yn 'gywir', fe ystyriwyd darluniau Harriot yn ddiddorol o safbwynt gwyddonol oherwydd eu natur gartograffaidd. Ac yn fy ffordd anwyddonol fy hun; gwelaf nawr mai fel map yn union y'i gwelais i hi, yn darlunio strydoedd a llwybrau a lonydd fy ngorffennol, o fewn ardal benodol nad oedd ond rhyw ychydig filltiroedd o hyd, ond a ddarluniai gyfnod ac sy'n dal i ddarlunio cyfandiroedd o atgofion sy'n golchi'n ôl, yn cael eu chwyddo a'u dofi gan fy lloergan bersonol i.

Efallai nad dyma'r math o lyfr y gallet fod wedi ei ddychmygu yn olynydd i dy lyfr di, Silas, ond eto dyma'r llyfr a gafodd ei gonsurio i fodolaeth wrth i mi esgyn i fy llong ofod a chwifio yn ôl atat o'r dyfodol. Yr un lloergan yw hi, wedi'r cwbl, ac wrth edrych i fyny arni, fe welais, nid yn annhebyg i'r hyn a welodd

Lower o'r lleuad yma yng Nghymru, a'r hyn a rannodd mor eiddgar â Thomas Harriot, beth oedd ystyr y lleuad yn ei holl gyfnodau. Darganfyddais, fel ef, ddisgleirdeb fy naear ychydig cyn gweld ei deuoliaeth,[7] gwelais ynddi bobl nad oeddwn wedi meddwl amdanyn nhw am ddegawdau; ac yn bennaf gwelais fy wyneb gwelw, tryloyw fy hun yn tywynnu'n ôl arna i o'r gromen arian, yn llawn gwythiennau cyfrin; yn union fel y darten a bobodd cogyddes Harriot iddo – yn llachar fan hyn, yn dywyll fan draw; â dryswch yn haen denau drwyddi draw. Ac ar y funud olaf un, synhwyrais fod 'na 'ddyn yn y lleuad' a oedd yn arwyddocaol rhywsut, ond ni fedrwn, yn fy myw, benderfynu pwy ydoedd.

Nes agor cloriau dy lyfr di, Silas. A dy weld di'n tywynnu'n ôl arna i o dudalennau gwynion dy alaeth bell.

Sic itur ad astra.

---

[7] Llythyr o Gymru wrth Lower at Harriot ar Chwefror 6ed, 1610, a ddyfynnwyd yn *The History of the Telescope*, Henry C King (Dover Publications Inc. 1979): According as you wished I have observed the moone in all his changes. In the new I discover manifestlie the earthshine, a little before the dichotomie that spot which represents unto me the man in the moone (but without a head)... A little after neare the brimme of the gibbous parts like starres, much brighter then the rest and the whole brimme along, lookes like unto the description of coasts, in the dutch bookes of voyages. In the full she appeares like a tarte that my cooke made me the last weeke. Here a vaine of bright stuffe, and there of darke, and so confused lie al over.

Ôl Leuad

"FAINT O BARAGRAFFAU storïol sydd ar ôl?" dyna ofynnoch chi, Siân, y diwrnod olaf hwnnw, gan straffaglu i ddod o hyd i'r geiriau, y llinell gyntaf, efallai, o'r paragraff olaf roeddech yn ei lunio ar ein cyfer ni, i grynhoi eich bywyd yn dwt. Ond wrth gwrs, ni ddaeth hwnnw i fwcwl yn daclus, chwaith. Nid fel y paragraffau olaf hynny o draethawd neu nofel, y rheiny y buoch chi'n fy nghynghori y byddai'n rhaid chwysu uwch eu pennau am oriau, gan osod geiriau mewn trefn, fel jygiau tsieina ar y dresel. Roedd y meddwl yn dechrau datod, (datod, wrth gwrs, oedd gair Mam-gu Dre-fach am rywun yn marw), a'r holl synnwyr ddaeth o'ch genau dros y blynyddoedd nawr yn dadfeilio yn y munudau olaf.

Ie, Mam-gu oedd hi i mi, ond Mam i chi. A minnau nawr yn fam fy hun, gwn na fyddai'r fam honno wedi dygymod â meddwl amdanoch chi, Siân, yn datod. Llai fyth yn defnyddio'r gair yn y cyd-destun hwn, er mai dyma ydy trefn pethau, wedi'r cwbl, gan mai chi yw'r hynaf o'r tri o blant, a gwn yn iawn mai fel hyn y byddech am iddi fod. "Dwi wedi cael bywyd da," meddech chi fwy nag unwaith yn ystod y blynyddoedd, fel pe baech eisoes yn ein siarsio i gofio'r daioni yn y dyddiau drwg.

Mam-gu. Mam. Chwaer. Nith. Mewn ffordd, nith ydy'r gair lleiaf ohonynt, gair nad yw'n hawlio prif lythyren ar dudalen, rhywbeth bychan, pitw bach, bron iddo gael ei golli wrth i'r llygaid wibio ar draws y dudalen. Ond os edrychwn ni ar y gair

Modryb – gair sy'n lledaenu ei ddeusill hyfryd dros y dudalen a'i 'd' a'i 'b' cymesur yn agor eu hadenydd fel pili-pala, yna rydyn ni'n agosach at yr hyn sydd yn eich clymu chi a fi, yn dynn at ein gilydd, yn y tapestri hwn o'n hanes; a wewyd mor gelfydd at ei gilydd.

Tapestri. Ai cyd-ddigwyddiad ydoedd bod gwehyddu wedi hawlio gymaint o'ch sylw tua'r diwedd? Wrth i chi ddatod, roeddech hyd yn oed yn llwyddo i wneud hynny mewn ffordd gain, fel tynnu'r edefyn yn ofalus o'r darluniau a luniwyd unwaith gan eich dwylo. Ac efallai ei bod hi'n arwyddocaol eich bod am wneud y datod eich hunan, fel y gwnaethoch bopeth drosoch chi eich hun erioed, er y cynigion niferus o gymorth a gawsoch.

Roeddech chi'n gweld bod y patrymau *cross stitch* a *Gobelin stitch* yn adlewyrchu'r hyn a oedd wedi digwydd o fewn ein bywydau ni i gyd, bod modd darllen bywyd mewn edafedd. Fe ddwedoch chi, wrth ddal fy llaw ac edrych i'r pellter, fy mod i bedwar sgwaryn i lawr oddi wrth fy ffrind, NM, ac un sgwaryn eto i lawr o'r deintydd. Y deintydd! Hyd heddiw mae hynny'n codi gwên – y ffaith i'r deintydd hawlio gymaint o'ch sylw yn yr oriau olaf hynny. Ai am iddo godi crocbris oedd hynny? Eto, roedd 'na glyfrwch a rhyfeddod yn hynny. Eich bod yn ystod eich oriau olaf yn gweld bywyd fel patrwm; ac roedd gan bawb ei le, ac roedd popeth yn cael ei wnïo wrth ei gilydd er mwyn gwneud synnwyr. Y pell a'r agos. Y dwys a'r digri. Yr arwyddocaol a'r dibwys. Y cyffredin a'r anghyffredin. A heb ein dannedd, beth ydyn ni, wedi'r cwbl. Onid darlun anghyflawn? Ein sgwariau'n wag.

Faint o baragraffau storïol sydd ar ôl? Am beth roeddech chi'n sôn, Siân? Efallai'n wir mai'r gyfrol hon oedd ar eich meddwl, gan i mi draethu amdani uwch eich pen yn yr

Uned Gofal Dwys am wythnosau, mewn ymgais i newid testun rhag trafod salwch, i roi difyrrwch o fath gwahanol i chi. Er mwyn hogi'r meddwl a oedd yn dal i fod mor effro. A chithau yn eich tro yn ymateb: yn holi am y Booker, am Salman Rushdie (er i ni feddwl, fi a Mam, wrth geisio darllen gwefus, mai 'dal i gredu' ddwedsoch chi bryd hynny, er nad oedd y cyffredinedd hwnnw yn swnio fel rhywbeth ddwedech chi) – camddealltwriaeth a achosodd chwerthin a drodd yn ddagrau ar y palmant oer tu allan i Ysbyty Treforys. Ac wrth eich clywed yn ymdrechu i sôn am lyfrau, am lenyddiaeth, dywedodd fy mam, eich chwaer fach, "Mae hi'n trio siarad am lenyddiaeth am ei bod hi'n meddwl mai dyna'r unig beth ma'r ddwy 'ma yn 'i ddeall!"

Ond eto, ai hynny oedd y bwriad, y diwrnod olaf hwnnw? Yntau meddwl am eich bywyd eich hun oeddech chi nawr, eisiau gwybod ei hyd a'i led ac union ddimensiynau ei derfynau? Roedd ei fesur mewn sgwariau, mewn paragraffau, cystal ag unrhyw ffordd o fesur hyd a lled bywyd. Ond beth yw paragraff o fywyd yn union? Ychydig oriau? Diwrnod? Fe wnes i bendilio am hynny weddill y diwrnod ansicr hwnnw; y syniad mai brawddegau o fywyd oedd ar ôl bellach, tameidiau o eiriau ac atgofion a straeon yn datod yn fwndel o wlân amryliw wrth ein traed. Ac wrth ddweud hynny wrthyn, mai paragraffau'n unig oedd ar ôl ar y diwedd, roeddech chi eisoes yn gwrth-ddweud yr hyn a eiriodd y nyrsys a'r doctoriaid yn dawel, "Efallai y bydd hi ddyddiau, wythnosau eto." Ac yn hytrach nag amneidio fy mhen mewn cytundeb fe ddylwn fod wedi dweud wrthynt. "Mae hi'n dweud paragraffau. A sgwariau. Ocê? Hi sy'n gwbod."

Sut mae modd didoli bywyd mewn paragraffau? Crynhoi'r cyfan yn ddestlus fel roeddwn i'n arfer ei wneud mewn traethodau? Wyddwn i ddim bryd hynny, wrth drafod y llyfr hwn gyda chi, mai dyma sut byddai'r llyfr hwn yn gorffen; gyda'r lloeren fwyaf a fu yn fy mywyd i erioed, yn pylu. Onid lleuad oeddech chi, Siân? Arwyneb llonydd, goddefol, yn hapus i gael eich goleuo gennym ni oll, heb hawlio am ennyd eich goleuni eich hun. Ond roeddech yno, wastad, yn gyson fel y lloer, yn ddisymud, digyfnewid, yn troelli o gylch ein bydoedd ni oll, er nad oedd eich gwarchod a'ch gofal cyson wastad yn weledol i ni. Ond fe ddaeth yn weledol wedyn, wrth gwrs, wrth i ni weld faint o baragraffau ein bywydau a gofnodwyd gennych mewn degau o ffeiliau ar bob un ohonon ni; sut y dogfennwyd ein bywydau yn drefnus ganddoch, yn gronolegol, fel bod modd i ninnau wneud synnwyr o'n hanes ni'n hunain, gan i chi daflu heulwen drosto. Ac roedd yr heulwen hael hwnnw ym mêr fy sgwennu hefyd, gan nad oedd yr un darn o waith yn ddigon da heb i mi gael sêl eich bendith chi. Ac er na lwyddoch chi i ddarllen y gyfrol hon, chi oedd y person cyntaf a glywodd y teitl: *Lloerganiadau*, a'i yngan yn llawn boddhad er gwaethaf eich gwifrau a'ch pibau fel pe bai'n rhywbeth i'w gofio dweud wrth bwy bynnag fyddech chi am eu cyfarfod yn y ffurfafen nesaf.

Do, bu sawl gair pwysig rhyngon. A sawl paragraff storïol. Geiriau, wedi'r cwbl, oedd fy ymgais i wehyddu. I greu patrymau celfydd, lliwgar. Er na fûm i 'rioed, fel chi, yn un a fedrai gonsurio gwlân rhwng fy nwylo a'i hudo i'r sgwariau fel y gwnâi y cenedlaethau cynt. Disgynyddion i wehyddion yw ein teulu ni, wedi'r cwbl, o weithwyr ffatri wlân Dre-fach, Felindre; gwau eu bywydau a wnaeth ein pobl erioed. Dim ond i'r cenedlaethau a ddilynodd benderfynu gwneud hynny â geiriau. Ac roeddech chi, felly, yn driw i hanes y teulu mewn ffordd nad oedden ni. Roeddech chi'n gweld bod gwerth parhau i wehyddu'n llythrennol ac yn drosiadol, parhau i lenwi bylchau â gwlân ond gyda'ch cof anhygoel hefyd, am eich bod chi, am weld y darlun cyfan bob tro, nid dim ond cyfran ohono. A phe bai un ohonon ni, yn blant, yn mynd ar goll wrth ddilyn patrwm, fe fyddech yn aros ar eich traed liw nos i'w gywiro, tynnu'r edafedd yn rhacs, a'i ail-wneud yn daclus, heb ddweud dim y bore wedyn mai chi a'i trwsiodd, gan ein twyllo ni i gredu nad oedd ein hymdrechion mor wael â hynny wedi'r cwbl.

Erbyn i ni gyrraedd y paragraffau olaf hynny, a dim ond yr un sgwaryn bach olaf ar ôl i'w lenwi, roeddech yn syllu i ryw wagle tu hwnt i'n gafael, tu hwnt i'r sgwaryn syml o nenfwd ysbyty i rywle arall. Rhywle arall nad oedd modd i mi na Mam ei weld. Ac felly troi ein golygon tuag allan wnaethon ni, wrth i chi barhau i edrych i fyny, a sylwi bod yr haul, a fu'n cuddio cyhyd, yn llachar drachefn. Roedd rhyw gyfnewid yn digwydd y diwrnod hwnnw ar drothwy mis Chwefror – y gaeaf yn cilio, a siffrwd y gwanwyn yn y perthi o gylch y 'sbyty. Ai penderfynu gadael yn y mis bach wnaethoch chi, er mwyn peidio â chreu gormod o stŵr o bethau? Gan feddwl bod hynny rhywsut yn daclus; i farw a chael eich claddu o fewn yr un mis? Un sgwaryn bach twt ar y calendr. Gan osgoi pandemig byd-eang o drwch edafedd.

Y noson buoch farw, roedd y lleuad ar ei chwarter. Nid yn unig hynny ond roedd y chwarter hwnnw yn rhyfeddol o glir. Sefais ar riniog y drws a syllu i fyny arni, ac ar yr ychydig sêr a oedd wedi ymgasglu o'i chwmpas. Nid am fy mod i'n credu eich bod chi yno'n rhywle, chwaith – chredais i erioed yn y pethau hynny, ac os dysgais i unrhyw beth yn ystod fy nghyfnod yn ymchwilio'r sêr a'u rhyfeddodau, yna does a wnelon nhw ddim oll â ni. Ni sy'n gorfod ymwneud â nhw. Mae e'n ddewis rydyn ni'n ei wneud, neu beidio â'i wneud. Felly hefyd gyda'r lloer. Rydyn ni'n ddyledus iddi am ein bywyd, ein tyfiant, am bopeth a gymrwn mor ganiataol. Ond mae hi hefyd yn rhywbeth ymylol: go brin y caiff fod yn brif gonsýrn i neb, heblaw ein bod yn dewis ei gweld felly. Ac roedd hi'n gysur ac yn gwmni y noson honno. Fe wyddwn, wrth edrych i fyny, iddi fod yn dyst i baragraff olaf pob un ohonon ni. Ac yn ei disgleirdeb, fe deimlais ei bod hi'n rhoi'r amodau gorau posib i chi adael y byd hwn. Mewn prydferthwch. A hedd. Dan belydrau distaw a oedd yn gweddu i chi. Nid arch leuad fawr yn dangos ei hun i bawb, ond chwarter lleuad a oedd â grym lleuad gyfan. Roedd ganddi'r un cynildeb â chi. Ymylol; nerthol. Yn feudwyaidd ei natur; ond eto'n tanio a disgleirio mewn cwmni.

A hyd yn oed wedyn, wedi cau'r drws a thynnu'r bleinds ac ildio i gwsg, fe ddeffrois yn sydyn ynghanol nos a gweld y pelydrau yn ffrydio i mewn i'r stafell drwy dafelli y llen fenetia, a'm tynnu ar fy eistedd fel rhaffau pyped. Ac er nad rhywbeth goruwchnaturiol oedd hynny, dim ond ffenomenon hollol naturiol, roedd y claerder yn f'atgoffa ohonoch chi. A dyma ddeall wedyn mai ystyr arall i Theia, y blaned-droth-yn-lloer, oedd modryb. Mai chi, Siân, oedd fy Theia i, ac y byddai darnau ohonoch ynof o hyd; yn lledaenu yn fy nghraidd, tan fy mharagraffau olaf.

Y bore wedyn, wrth gerdded y plant i'r ysgol, roedd yr awyr yn llachar o binc. Haul isel gaeafol yn cuddio tu ôl i'r niwl, yn ceisio ein twyllo mai lleuad ydoedd. Roedd yr hynaf o 'mhlant, B, yn galaru yn dawel bach wrth fy ymyl, tra bod L, y lleiaf, yn codi ei llygaid i fyny i'r awyr o hyd. "Beth wyt ti'n neud?" gofynnais iddi. "Chwilio am Siân," meddai. Ac yn yr eiliad honno fe welais i eich llygaid chi drachefn, yn edrych i fyny fel y gwnaethoch chi rhyw bedair awr ar hugain ynghynt, edrych i fyny i rywle sydd tu hwnt i'n gafael, sydd tu draw i bob un ohonon ni, y man lle mae'r paragraff olaf a dechrau ein stori ni'n bodoli. Edrych i fyny i'r man sydd wedi arsylwi'n ddistaw arnon ers cyn cof, sydd wedi bod yn dyst i ddechreuadau a therfyniadau nid yn unig ein byd ni ond y bydoedd cynt, y man sy'n ddirgelwch i gymaint ohonon ni. Y gofod uwch ein pennau lle mae unrhyw beth yn bosib. Lle, o ddiddymdra, y daeth rhywbeth o ddim a dangos i ni faint o bosibiliadau sydd. A chymaint mwy sydd eto i'w ddeall.

Diolchiadau

I Griff Lynch, Lewys Wyn, a'r Eisteddfod Genedlaethol am fy ngwahodd i greu'r sioe *Lloergan*. Dechrau pob dim.

I Elen Elis a Sioned Edwards am eu gweledigaeth, ac am drefnu'r ymchwil.

I Angharad Lee am y cydweithio, ac am f'arwain 'nôl at Lars Von Trier.

I Hefin Jones am ei ddiddordeb ym mhopeth.

I Dafydd Wyn Morgan am ei luniau, ac am fy nhywys drwy nosweithiau lloerlawn, lloerig Ceredigion.

I'r Athro David Austin am y daith o gwmpas Ystrad Fflur.

I Dr Huw 'Haul' Morgan o Adran Ffiseg Prifysgol Aberystwyth, fy ymgynghorydd gwyddonol, am fod mor barod i daflu goleuni.

I Sara Huws o gasgliadau Arbennig ac Archifau Prifysgol Caerdydd am roi cyfoeth o weithiau seryddol o'm blaen.

I Eirian James, Palas Print, am fy nghyfeirio at ystôr o lyfrau eraill.

I Sarah Reynolds, fy awdur-fam-o-ffrind anhygoel, am y clwb gwyliau, y trafod, a'r chwerthin.

I'r Twnis am dros dri deg mlynedd o gyfeillgarwch.

I athrawon Ysgol Dyffryn Teifi: yn enwedig i Islwyn Evans, am y canu-canu-canu, i Elin Williams, Rhian Davies a

Julia James am agor y drws i'r dychymyg, i Stan Williams am gynnau fy niddordeb mewn lluniau a delweddau, ac i Ceri Wyn Jones, am arwain y ffordd at RS, ac am ei froliant hael i'r gyfrol.

I Betsan, am y lluniau awdur, ac am yr holl chwerthin, yr holl-ffordd-rownd.

I Manon Steffan Ros am fod mor gefnogol, bob amser, ac am y geiriau caredig ar y clawr.

I Haf ac Esyllt, er cof am bob carafán.

I'r Lolfa am fy nghroesawu yn ôl wedi degawd o dawelwch.

I Alun Jones, am olygu'r gyfrol, ac am ei anogaeth hynaws dros ddau ddegawd.

I Meleri Wyn James, am ei gwaith manwl ar y fersiwn terfynol, ac am hwylio'r cyfan drwy'r wasg.

I Siôn Ilar am y clawr hyfryd.

I fy narllenwyr cyntaf, Mari Siôn a Nia Evans, am eu hymatebion gonest a'u hawgrymiadau gwych.

I fy rhieni, Menna, (fy llyfrgell), a Wynfford, (fy ngyrrwr *uber*), am eu cefnogaeth ddihafal.

I Meilyr, fy mrawd, fy mhartner-mewn-dwli, am yr holl anturiaethau ac atgofion.

I fy modryb, Siân, am roi sêl bendith i'r teitl, ei chyngor olaf i mi.

I fy mhlant, Beca a Luned, sy'n f'annog i deithio i fydoedd eraill yn ddyddiol.

Ac yn bennaf oll i Iwan, sy'n fy naearu.

Gan yr un awdur:

£8.95

"Gwir artist y gystadleuaeth"
GRAHAME DAVIES

Enillydd
y Fedal
Ryddiaith
2006

atyniad

fflurdafydd

yLolfa

£6.95

Hefyd o'r Lolfa:

£6.99

MEGAN ANGHARAD HUNTER

*tu ôl
i'n awyr*

£9.99

£8.99

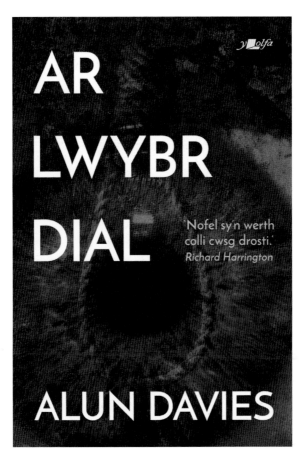

AR
LWYBR
DIAL

'Nofel sy'n werth
colli cwsg drosti.'
Richard Harrington

ALUN DAVIES

£8.99

Holwch am bris argraffu!
www.ylolfa.com